MAX HANS-JÜRGEN MATTUSCH
Ist Esperanto noch aktuell?

Max Hans-Jürgen Mattusch

Ist Esperanto noch aktuell ?

Ein Essay

über ein kontrovers diskutiertes
sprachliches Projekt

Herstellung und Verlag: BoD – Books on Demand, Norderstedt
Covergestaltung und Layout: Michael Mattusch
ISBN-Nummer: 9 783749 408542

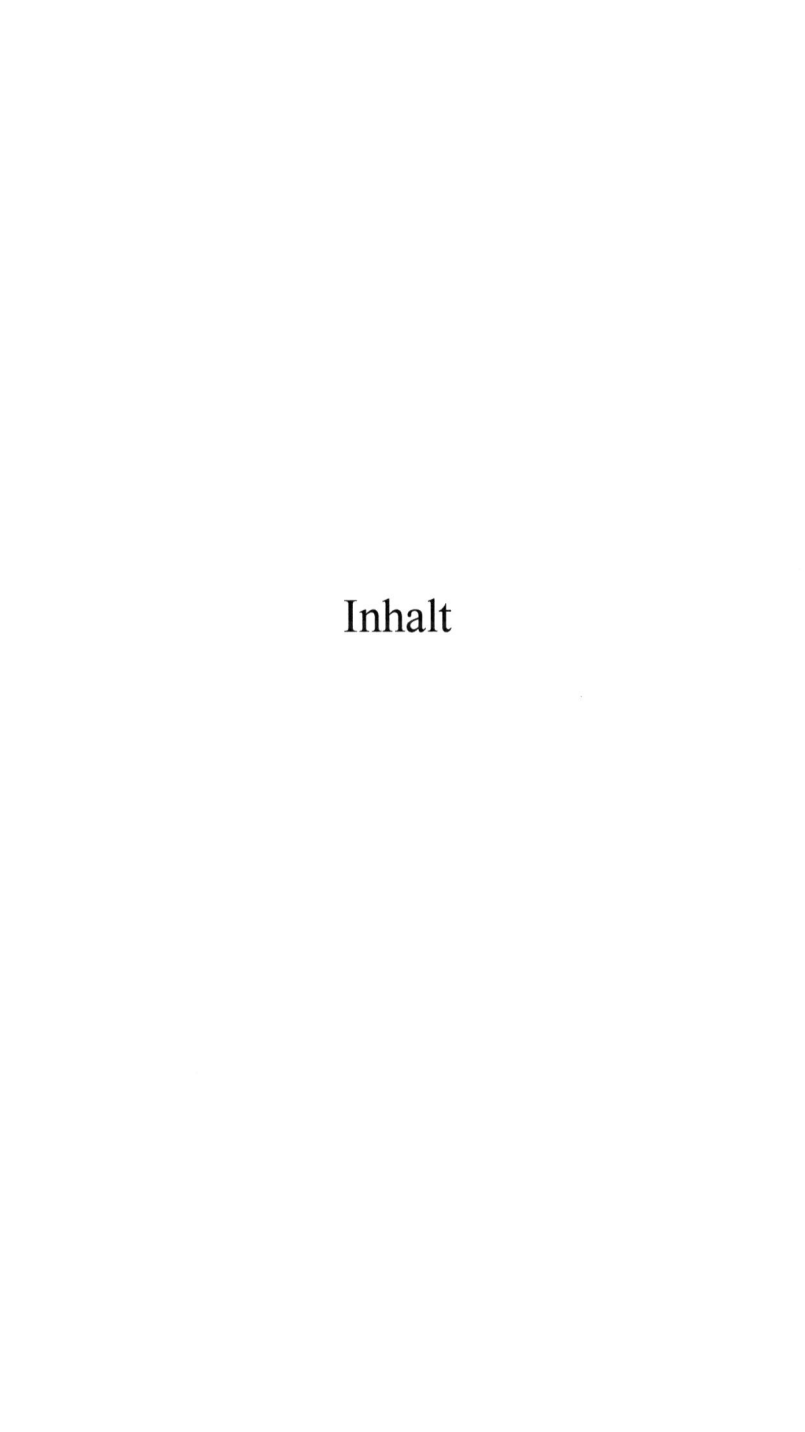

Inhalt

Vorbemerkung

Es gibt zu Esperanto einerseits von bekannten Wissenschaftlern verfaßte umfangreiche, die Sprache bejahende Publikationen, andererseits finden sich im Internet manche Kurzdarstellungen, die aus ihrer Überbegeisterung für Esperanto heraus eher negativ wirken; hinzu kommen solche, die Esperanto oder zumindest die Esperanto-Bewegung – oft dazu noch in unsachlicher Form – verneinen. Trotz ihrer bereits 130-jährigen Existenz wird die internationale Sprache Esperanto noch immer heftig diskutiert, da sie eines der kontroversesten Projekte auf sprachlichem Gebiet ist. So entstand bei mir die Idee eines Essays zu Esperanto, das diese Sprache mit sprachwissenschaftlicher Distanz – aber dennoch mit Sympathie – betrachtet.

Da der Umfang der Englischkenntnisse in der Welt geradezu erdrückend anwächst, ergeben sich in Anbetracht der bisher erfolglosen Versuche zur Durchsetzung von Esperanto Fragen nach seinen weiteren Chancen: War Esperanto nur ein interessanter Versuch vergangener Jahrhunderte und ist es schon Vergangenheit? Braucht man in Anbetracht der sich rasant entwickelnden maschinellen Sprachverarbeitung noch Weltverkehrssprachen oder Plansprachen? Warum sollte es sich überhaupt lohnen, Esperanto zu lernen, wenn man damit nicht mehr Sprecher erreicht als mit anderen Sprachen? So wird man fast in jedem Land unserer Erde schnell Englisch-Sprecher finden. Jedoch mit Esperantisten muß man sich extra verabreden; es kommt kaum vor, daß man auf der Straße gefragt wird: „Ĉu vi parolas Esperanton?" (Sprechen Sie Esperanto?).

Der Menschheit, die noch immer in nationalem Denken befangen ist, fehlt – trotz zahlreicher internationaler Organisationen, trotz modernster technischer Möglichkeiten des Kontaktes – nach wie vor das Bewußtsein der Zusammengehörigkeit über sprachliche, ideologische, religiöse, rassische etc. Grenzen hinweg (im Sinne der Äußerung Zamenhofs auf dem 1. Esperanto-Weltkongreß 1905 in Boulogne-sur-mer in Frankreich: „Heute kommen zwischen den gastfreundlichen Mauern von Boulogne-sur-mer nicht Franzosen und Engländer zusammen, nicht Russen und Polen, sondern Menschen mit Menschen"[1]). Die Grundlagen von Esperanto wurden als „*Lingvo Internacia*" (Internationale Sprache) im Jahre 1887 von Zamenhof veröffentlicht. Sein Pseudonym „*Doktoro Esperanto*" (von *esperi* – hoffen, *esperanto* – der Hoffende, also der /auf die völkerverbindende Rolle seiner Sprache/ Hoffende) wurde zum Namen der Sprache selbst. Da Grün die Farbe der Hoffnung ist, wurde sie zum Kennzeichen für Esperanto. Esperanto ist als Zweitsprache (neben der Muttersprache) nicht nur eine Sprache mit einer weltumfassenden Dolmetscherfunktion, sondern zugleich eine solche mit einer weltverbindenden Friedensmission. Die Esperantofahne wurde am Vorabend des ersten Esperanto-Weltkongresses 1905 von Boulogne-sur-mer von der dortigen Esperanto-Gruppe entworfen. Sie ist grün und trägt in der oberen linken Ecke einen grünen Stern in einem weißen Quadrat. Das Grün der Flagge soll die Hoffnung symbolisieren, das Weiß den Frieden, und der fünfzackige Stern steht für die fünf Kontinente. Zamenhof bezeichnete mit *Esperantujo* (Esperantoland) die Gesamtheit der Esperantisten. Esperantoland verwirklicht sich symbolisch überall dort, wo sich Esperantisten zusammenfinden und miteinander Esperanto reden. Dies kann ein bescheidener lokaler Gruppenabend mit vier oder fünf Teilnehmern in einer

---

[1] Berühmte Zitate von Zamenhof (1. Esperanto-Weltkongress, 1905); nach Internet 2018.

kleinen Gaststätte in Deutschland sein oder auch ein Weltkongreß mit Tausenden von Teilnehmern in einem großen Kongreßzentrum irgendwo in Europa, Asien oder Amerika.

Freunde und Patienten beschreiben den jüdischen Augenarzt Ludwik Lejzer Zamenhof (1859-1917), der im damaligen zaristischen Rußland – heute Polen – lebte, als schüchternen, angenehmen Idealisten, der aber dennoch genau wußte, was er wollte. Aufgewachsen in einer Zeit aggressiven Nationalismus und antisemitischer Pogrome, hatte sich Zamenhof anfangs Gedanken der zionistischen Bewegung angeschlossen, aber als vielsprachigem Humanisten kam ihm bald eine andere Idee: Eine politisch, religiös und kulturell neutrale Weltsprache sollte der unmittelbaren Völkerverständigung dienen. Solche Kunst- oder „Plansprachen" lagen im späten 19. Jh. gleichsam in der Luft. Überall im Bahn- und Postwesen, im Handels- und Kommunikationssektor wurden weltweit gültige Maßeinheiten, Standards und Industrienormen eingeführt. Warum also nicht auch eine Weltsprache für alle als Zweitsprache neben der Muttersprache? Das etwa zur gleichen Zeit entstandene Volapük war gerade dabei, an inneren Widersprüchen zu scheitern. Esperanto hatte gegenüber zahlreichen plansprachlichen Vorläufern und vor allem gegenüber den historisch gewachsenen Sprachen den großen Vorteil, leichter erlernbar zu sein.

Mein Essay möchte zeigen, daß die von Zamenhof geschaffene Sprache Esperanto trotz aller Probleme lebendig ist. Sie hat in den über 130 Jahren ihrer Existenz in mehr als 130 Ländern Freunde gewonnen, obwohl sie keinerlei Macht oder irgendeine Lobby – außer der Begeisterung ihrer Anhänger – hinter sich hat. Und dies alles trotz ihrer Bekämpfung bereits in ihren Anfängen im zaristischen Rußland, trotz grausamer Verfolgungen unter Hitler und Stalin, aber ebenfalls durch Mussolini/Italien, Franco/Spanien, Ceaucescu/Rumänien und selbst im fernen Japan, infolge derer vor allem in der Sowjetunion Tausende von Esperantisten als angebliche Spione umgebracht wurden; aber gleichfalls in weiteren Ländern wie Spanien, Kroatien u.a. wurden Esperantisten auf Grund von fadenscheinigen Beschuldigungen ermordet. Andere mußten viele Jahre in Gefängnissen oder Arbeitslagern verbringen. Hinzu kamen zwei Weltkriege, die ein Tief für Esperanto bedeuteten. So wurde in allen von Deutschland, Italien und Japan im Zweiten Weltkrieg besetzten Ländern – aber auch in Portugal – Esperanto verboten. Aber selbst danach hat es in den meisten Staaten, die eine marxistisch geprägte Regierung hatten, noch Jahre gedauert, bis man begann, Esperanto – mißtrauisch überwacht durch die jeweiligen staatlichen Sicherheitsdienste – zu akzeptieren, oft allerdings, um marxistisches Gedankengut mittels dieser Sprache zu verbreiten. In Rumänien, Albanien und der Sowjetunion blieb Esperanto weiterhin noch lange Jahre verboten; in China, Vietnam und Kuba wurde es zugelassen.

Später wurden von der UNESCO zugunsten von Esperanto verfaßte Resolutionen von den westlichen Großmächten ignoriert, da sie nur *ihre* Sprachen als Weltsprachen sahen und immer noch sehen. Hinzu kommt eine in Bezug auf Sprachprobleme überwiegend konservative Weltgemeinschaft, die künstlich geschaffene Sprachen meist ablehnt und von den Vorzügen Esperantos nur schwer überzeugt werden kann. Man lernt lieber – trotz all seiner Schwierigkeiten – Englisch. Esperanto spielt infolge all dieser Verfolgungen bzw. Ignoranz gegenwärtig keine größere Rolle in der Welt, ist aber dennoch durch seine vielfältigen Aktivitäten keineswegs vergessen. So erinnert die UNESCO nach ihrem Eintreten für Esperanto in den Jahren 1954 auf ihrer Generalversammlung in Montevideo und 1985 in Sofia erneut im Jahre 2017 mit einem Gedenkjahr anläßlich des 100-jährigen Todestags von Zamenhof an diese Sprache.

Die Tatsache, daß Plansprachen, d.h. von Menschen bewußt für die internationale Kommunikation geschaffene neutrale Sprachen, bisher nur begrenzte Erfolge aufzuweisen haben, wird in Verkennung der politischen Ursachen oft als Folge sprachlicher Mängel gesehen und nicht verstanden, daß es sich um reine Machtfragen handelt. Aber gleichfalls von Sprachwissenschaftlern und Philosophen wird eine Lösung des internationalen Sprachenproblems mittels Esperanto häufig verneint oder man plädiert für eine Wiederbelebung von Latein für Europa bzw. akzeptiert das Englische als de facto Weltsprache. Viele ziehen – trotz Bedenken gegen eine Vorherrschaft des Englischen – eine „lebendige" Kultur, wie die der angloamerikanischen, einer „künstlichen", wie der von Esperanto, vor. Zudem gilt es nach wie vor unter Wissenschaftlern als unseriös, sich mit Plansprachen zu befassen. Dabei würde allein der Besuch eines Esperanto-Weltkongresses oder ein Blick in die umfangreiche Fachliteratur die Funktionsfähigkeit einer Plansprache erkennen lassen.

Bei der Diskussion um die Verwendung einer künstlich geschaffenen neutralen Sprache erlebt man immer wieder, daß Unwissenheit Trumpf ist. So sind sich selbst Mitarbeiter der EU-Institutionen, die täglich mit dem Sprachenproblem konfrontiert werden, weder der Gefahr der gegenwärtigen Sprachenpolitik für den langfristigen Zusammenhalt der EU bewußt, noch besitzen sie Kenntnisse über die Möglichkeiten einer nicht diskriminierenden Sprachenpolitik. Dabei wird immer offensichtlicher, daß der von der EU propagierte Multilingualismus sich nicht verwirklichen läßt. Den wenigsten Sprechern einer „natürlichen" Sprache ist zudem bekannt, wieviel an ihrer Sprache im Laufe der Jahrhunderte bereits „künstlich" ist. Folge davon sind unsachliche Stellungnahmen zu künstlich geschaffenen Sprachen und übertriebene sprachpuristische Diskussionen hinsichtlich der eigenen Sprache.

Esperanto ist durch seine kosmopolitischen Aspekte besonders etwas für Menschen, die sich – im Gegensatz zu eng nationalsprachlich befangenen Bürgern – als Weltbürger fühlen. Das Verdienst von Esperanto ist es, gezeigt zu haben, daß eine Verständigung der unterschiedlichsten Völker mit einer konstruierten Sprache möglich ist. Esperanto lebt und erinnert daran, daß in einer globalisierten Welt, in der zur Zeit das Englische dominiert, eine demokratische und freiheitliche Verständigung von Mensch zu Mensch keine Utopie bleiben muß. Esperanto hat jedoch in Anbetracht der Übermacht der Nationalstaaten mit ihren Sprachen nicht die Möglichkeit, seine Vorstellungen auf politischer Ebene durchzusetzen oder in einer größeren Öffentlichkeit Gehör zu finden. Die Einführung einer neutralen Plansprache als Zweitsprache wäre eine revolutionäre Veränderung, die etwa mit der Einführung des Buchdruckes oder des Internets verglichen werden könnte. Es müßten bis dahin noch viele Vorurteile, psychologische Hemmschwellen u.a. überwunden werden. Selbst wenn ein großer Teil der Ideen Zamenhofs, wie eine Welt ohne Kriege oder eine Universalreligion, nicht verwirklicht wurde, hat er doch die Grundlage für eine relativ schnell erlernbare internationale Sprache geschaffen, zu der sich eine weltweite Sprachgemeinschaft bekannt.[2] Was wäre die Welt ohne solche Idealisten, ohne ihren Glauben an Esperanto als Weltsprache, d.h. den Wunsch, durch sie der babylonischen Sprachverwirrung ein Ende zu setzen?

Durch Konferenzen zur Interlinguistik wurden der Autor und seine Frau mit den Fragestellungen der Interlinguistik bekannt (er wirkte in der Folge mehrere Jahre im Vorstand der Gesellschaft für Interlinguistik/Berlin) und fanden dabei zu Esperanto. Der Autor hielt an der Universität Halle Vorlesungen zu interlinguistischen Themenkreisen, seine Frau gab gut besuchte Esperanto-Sprachkurse. Dennoch blieb für beide – trotz aller Sympathien – Esperanto eine unter anderen Sprachen, mit denen sie sich beschäftigten. Ihre Forschungs- und Arbeitsschwerpunkte lagen in der fachsprachlichen Hochschulausbildung, besonders der russischen Sprache.

---

[2] Das linguistische Sammelwerk „Ethnologue" gibt eine Zahl von 2 Millionen Esperantisten an; sie basiert auf Schätzungen von 2004 und 2015 (www.ethnologue.com /2018/). Vermutlich gebrauchen davon nur einige hunderttausend Menschen Esperanto aktiv, andere allein passiv oder sie haben sich nicht der Esperanto-Sprachgemeinschaft angeschlossen. Blanke vermutete 1985 etwa eine halbe Million aktiver Sprecher (Blanke, D.: Internationale Plansprachen. Eine Einführung. Berlin 1985, 289); Künzli (2016) (vgl. Anmerkung 7) nimmt eine noch geringere Sprecherzahl an. Ich gehe von „Ethnologue" aus, da sich in den letzten Jahrzehnten die bisher vornehmlich in Europa angesiedelte Kommunikationsgemeinschaft stark auf außereuropäische Bereiche wie China, Vietnam, Japan, Iran, Lateinamerika, besonders Brasilien und Kuba, ausgeweitet hat.

Analog zeigen Untersuchungen von Fiedler,[3] daß die Mehrzahl der europäischen Esperantisten[4] mehrere Sprachen spricht; sie könnten sich folglich auch ohne Esperanto in der Welt verständigen. Hier zeigt sich die idealistische Komponente für das Erlernen dieser Plansprache, d.h. das Eintreten für den Menschheitstraum einer internationalen Verständigung auf neutraler Basis.

Nach unserem Umzug nach Düsseldorf im Mai 1996 erarbeiteten meine Frau und ich gemeinsam mit tatkräftiger Unterstützung der Düsseldorfer Esperantisten eine umfangreiche Festschrift zu 95 Jahren Esperanto in Düsseldorf,[5] durch die man einen Einblick in die Geschichte und das alltägliche Wirken einer Esperanto-Gruppe gewinnen kann, aber gleichzeitig die Wechselwirkungen zwischen der lokalen Esperanto-Arbeit und der weltweiten Esperanto-Sprachgemeinschaft kennenlernt. Unser Buch bekam nicht nur Grußworte der Vorsitzenden des Deutschen Esperanto-Bundes und des (Deutschen) Freien Esperanto-Bundes,[6] sondern auch des Oberbürgermeisters der NRW-Landeshauptstadt Düsseldorf.

---

[3] Fiedler, S.: Plansprache und Phraseologie. Frankfurt a.M. 1999.

[4] Für Länder wie Brasilien, Kuba, China, Vietnam, Japan sind keine entsprechenden Untersuchungen bekannt; es könnte dort aber durchaus mehr Menschen geben, die außer Esperanto keine weitere Fremdsprache sprechen.

[5] E. und M. H.-J. Mattusch: Esperanto – ein Ausweg aus Babylon? 95 Jahre Esperanto in Düsseldorf. Düsseldorf 2002.

[6] Beide deutsche Esperanto-Verbände sind eng mit der Düsseldorfer Esperanto-Geschichte verbunden und haben trotz organisatorischer Trennung in Düsseldorf immer freundschaftlich zusammengearbeitet.

Das Anliegen von Esperanto ist in Anbetracht der zunehmenden Globalisierung der Welt aktueller denn je. Es ist deshalb notwendig, die Gesamtproblematik stärker als bisher in die politische Diskussion einzubringen. Man sollte dabei allerdings nüchtern sehen, daß durch die selbst in der EU noch vorherrschende Nationalstaatenidee für Esperanto relativ wenig Raum bleibt, weil eine solche internationale Sprachgemeinschaft einfach nicht in die Welt eines engen Nationalismus paßt und somit Esperanto als Zweitsprache für die Welt gegenwärtig ein fernes Ziel bleibt. Gleichfalls sollte man bedenken, daß in Anbetracht von Hunger, Not, Elend und Kriegen in weiten Teilen der Welt Sprachenfragen für viele Menschen, die täglich um ihre nackte Existenz zu ringen haben, weitestgehend ohne Interesse sind. Hinzu kommen Millionen von Analphabeten. Es sind also viele Menschen für die Idee einer neutralen internationalen Sprache nicht zu erreichen. Da zudem Esperanto nicht wie eine Muttersprache weitergegeben wird, muß faktisch jede neue Generation erneut gewonnen werden.

Trotz mancher von der Esperanto-Bewegung gemachten Fehler führen Meinungen, die auf sie verzichten und sich nur auf die Sprache Esperanto konzentrieren wollen, nicht weiter.[7] Die Sprache Esperanto wäre ohne eine Sprachgemeinschaft, die bewußt und aktiv hinter ihr steht, schnell am Ende. Im virtuellen Raum allein würde

---

[7] Der Schweizer Slawist und Esperantist A. Künzli trennte sich wegen ideologischer, politischer und anderer Zweifel an der Esperanto-Bewegung, wie Haltung zum Antisemitismus und Kommunismus, Propaganda, Umgang mit Kritik usw., von ihr (A. Künzli: www.plansprachen.ch /2016/17/: Polen. Esperanto-Propaganda in eigener Sache und im Sog der Politik), aber nicht von der Sprache Esperanto, die er weiterhin nutzt.

Esperanto nicht auf Dauer überleben können. Esperanto braucht eine leistungsfähige Organisation mit Treffen, Kongressen, Reisen, internationalen Kontakten trotz aller ökonomischer Probleme, die die Gemeinschaft hat, da sie nur von Mitgliedsbeiträgen, Kongreßgebühren, Spenden etc. lebt. Esperanto bedarf persönlicher Kontakte, es benötigt eine direkte Anwendung in der realen Welt. Die neuen Medien haben das Kommunikationsverhalten der jungen Esperantisten zwar verändert, aber die hohen Teilnehmerzahlen an Sprachkursen im Internet zeigen, daß das Interesse für Esperanto nicht geringer geworden ist.

Für die Gestaltung, das Layout und die allgemeine Unterstützung des Projektes bedanke ich mich besonders bei unserem ältesten Sohn, für kritischen fachlichen Rat und die Durchsicht des Manuskriptes bei meiner Frau.

Düsseldorf im Frühjahr 2019
Max Hans-Jürgen Mattusch

Ist die internationale Sprache Esperanto noch aktuell?

Die biblische Geschichte des Alten Testaments vom Turmbau zu Babel, in der der strafende Gott in die Menschen- und Sprachgemeinschaft, in der alle die gleiche Sprache gebrauchen, herniederfährt und diesen paradiesischen Zustand beendet, regt zum Nachdenken über jene Zeit an, in der die Menschen mittels einer einheitlichen Sprache miteinander kommuniziert haben sollen. Davon ist es kein weiter Schritt zu Versuchen zur Überwindung des entstandenen Sprachenwirrwarrs, bei dem keiner mehr die Sprache des anderen versteht. Trotz des durch Nationalisierungs- und Globalisierungsprozesse bedingten rapiden Sprachensterbens existieren noch ca. 7.000 Sprachen. Die Zahlenangaben schwanken je nachdem, wie „Sprache" definiert und zum Dialekt bzw. zur Sprachvariante (Varietät) abgegrenzt wird. Von ihnen werden nur 273 von über einer Million Menschen gesprochen; davon besitzen wiederum nur 12 über 100 Millionen Sprecher. Da eine große Zahl von Sprachen von weniger als 5.000 Menschen gesprochen wird, fürchtet man, daß viele von ihnen aussterben und in 100 Jahren nur noch ca. 600 Sprachen existieren werden.[8] Die Vielfalt an Sprachen umfaßt einerseits eine riesige Bandbreite an Weltanschauungen, Erfahrungen und Seinsmöglichkeiten und andererseits stellt sie ein beträchtliches Kommunikationshindernis dar.

---

[8] Der „Ethnologue 2018[21]" (online: www.ethnologue.com) zählt für 2018: 7097 Sprachen. In der Literatur schwanken die Zahlen zwischen 4.000 bis 7.000. Die 12 meist gesprochenen Sprachen mit Sprecherzahlen von über 100 Millionen sind: Chinesisch (Mandarin), Englisch, Hindi/ Urdu, Spanisch, Arabisch, Russisch, Portugiesisch/ Brasilianisch, Bengalisch, Bahasa Indonesia, Japanisch, Deutsch, Französisch.

Hinzu kommt, daß nicht genau zu ermitteln ist, von wie vielen Menschen die Sprachen jeweils genutzt werden oder ob sie überhaupt noch jemand spricht, da Volkszählungen nur selten ethnische Zugehörigkeiten erfassen. Die Ergebnisse können zudem – sowohl seitens der Staaten als auch der Sprecher – aus politischer Sicht manipuliert werden. So sind schwer verläßliche Angaben für Sprachen zu erhalten, dazu sind sie oft älteren Datums oder hochgerechnet. Noch schwieriger wird es, wenn man feststellen möchte, welche als Fremdsprachen gesprochen werden, da man von der Selbsteinschätzung der Sprecher abhängt, die häufig ihre Kenntnisse über- oder unterschätzen. Unsicher ist gleichfalls die Beantwortung der Frage, wie viele Menschen ein- oder mehrsprachig sind. In Europa überwiegt die Einsprachigkeit. Die offizielle Mehrsprachigkeit vieler europäischer Staaten darf nicht zu der Illusion führen, daß die Bürger der betreffenden Länder mehrsprachig wären. So können die Frankophonen der französischen Schweiz ebenso oft nicht Deutsch wie die belgischen Wallonen nicht Flämisch. Nur kleinere Minderheiten, wie in Deutschland die Sorben, Friesen und Dänen oder in Italien die Sprecher von Ladinisch und Friulisch, beherrschen ebenfalls die Landessprache. Die Deutschen in Südtirol sprechen Italienisch hingegen nur als Fremdsprache. In außereuropäischen Gebieten ist Mehrsprachigkeit stärker verbreitet, wie etwa in Paraguay, wo Spanisch wie Guarani, oder in Peru und Bolivien, wo Ketschua und Aimará neben Spanisch genutzt werden. Selbst die Klärung der Muttersprache ist nicht immer einfach, so bei Immigrantenfamilien, bei denen in der zweiten oder dritten Generation weder die Muttersprache noch die Sprache der neuen Heimat richtig beherrscht werden. Oder ist sie bei Sprechern des Gälischen das Gälische oder das Englische, bei denen des Bretonischen das Bretonische oder das Französische?[9]

Die Vielsprachigkeit der Welt ist nicht nur ein großes kommunikatives Hindernis, sondern hat ernste ökonomische Folgen. Es sind jährlich Milliardenbeträge, die für Übersetzungs- und Dolmetscherdienste aufgebracht werden müssen. Die Verluste, die in der Wirtschaft und in der Wissenschaft aus Unkenntnis fremdsprachiger Veröffentlichungen entstehen, lassen sich nicht exakt ermitteln, betragen aber jedes Jahr viele Milliarden. Selbst bei Spitzenpolitikern und in hohen Bank- und Wirtschaftskreisen zeigt sich eine erschreckende Konzeptions- und Ahnungslosigkeit in sprachpolitischen Fragen. Man verläßt sich auf Übersetzungs- und Dolmetscherdienste, träumt von der Zuhilfenahme technischer Mittel oder ist davon überzeugt, daß die Welt Englisch spricht und wenn nicht, dann wenigsten Französisch, Spanisch, Deutsch oder Russisch. Daß Fremdsprachen von der Masse der Bevölkerung meist nur mangelhaft oder gar nicht beherrscht werden, übersieht man. Von den ca. 7.000 auf der Welt existierenden Sprachen besitzen viele keine Schrift, noch weniger haben eine längere schriftliche Tradition.[10]

Bereits seit langem besteht deshalb der Wunsch, Sprachgrenzen mit einer alle Menschen verbindenden neutralen, leicht erlernbaren Sprache zu bewältigen. Die Verwirklichung dieses alten Menschheitstraumes ist jedoch bis heute nicht gelungen, obwohl es seit dem Mittelalter etwa

---

[9] Vgl. Mattusch, M. H.-J.: Unsere Sprachenwelt und ihre Zukunft. Düsseldorf 2012, 87-88.

[10] Vgl. Mattusch, M. H.-J.: Vielsprachigkeit: Fluch oder Segen für die Menschheit? Frankfurt a.M. u.a.1999, 36.

1.000 Versuche zu konstruierten Sprachen gibt.[11] Am
erfolgreichsten war bisher die Sprache Esperanto. Sicherlich werden solche Bestrebungen sobald nicht aufhören,
schon allein deshalb, weil keiner Plansprache[12] bisher der
von ihren Anhängern erhoffte Erfolg vergönnt war und es
keine zuverlässigen Kriterien gibt, wie eine solche
„ideale" Sprache aussehen sollte. Selbst Weltsprachen
haben, abhängig von den jeweiligen Machtverhältnissen,
gewechselt. Eine Einschränkung (oder gar Ende?) für
Plansprachen wie für Weltverkehrssprachen könnten
möglicherweise die Systeme maschineller Sprachverarbeitung bringen. So stellt N. Ostler die These auf, daß
Übersetzungstools und Spracherkennungssysteme eine
Lingua franca überflüssig machen werden, also die
Notwendigkeit für Weltverkehrssprachen, wie das
Englische, entfiele. Aber selbst dann bliebe sicherlich im
Tourismus, Handel und Alltag noch Raum für eine
nichtmaschinelle Sprachverständigung, gleich ob mit
„künstlich" geschaffenen oder „natürlichen" Sprachen.[13]

---

[11] Blanke, D.: Internationale Plansprachen – Wesen, historische Perspektive und aktueller Stand. In: Das Kom-
munikations- und Sprachenproblem in der Europäischen
Gemeinschaft. Hanns Seidel Stiftung e.V., Europäisches
Parlament, Brüssel 29.9.93, 63-74.

[12] „Plansprachen" hier im Sinne von als vom Menschen
bewußt geschaffene neutrale Sprachen, die der internationalen menschlichen Kommunikation dienen; früher als
„Welthilfssprachen", „Kunstsprachen", „Universalspra-
chen", „synthetische" bzw. „konstruierte" Sprachen bezeichnet. Der Begriff Plansprache wurde erstmalig 1931
vom Begründer der Terminologiewissenschaft Eugen
Wüster verwendet. Vgl. Wüster, E.: Internationale Sprachnormung in der Technik. Bonn 1931/1970³.

[13] Vgl.: Ostler, N.: The Last Lingua Franca: English Until the
Return of Babel. London 2010.

Man entwickelte in den letzten Jahrhunderten nicht nur konstruierte Sprachen, sondern suchte nach sprachlichen Universalien, bildete auf der Basis zentraler Dialekte Standardformen, wie für das Baskische oder Rätoromanische, bemühte sich um die Wiederbelebung und/oder Modernisierung von untergegangenen Sprachen wie des Lateinischen, schuf Neusprachen wie Iwrith/Neuhebräisch und Bahasa Indonesia, modernisierte viele Sprachen durch fachsprachliche Terminibildung und war generell bestrebt, eine einheitliche Kommunikationsbasis zu finden. Besaß man jedoch eine solche, wie im Mittelalter mit Latein für die Gelehrten, die Kirche etc., fühlte man sich eingeengt, sah die Freiheit der Wissenschaft und das alternative Denken bedroht und ging in einem langwierigen Prozeß zu den Volkssprachen und damit wieder zur Vielsprachigkeit über, um erneut eine einheitliche Basis zu vermissen, die man heute in der global vernetzten Welt im Englischen gefunden zu haben meint. Versuche zur Durchsetzung einer neutralen Weltverkehrssprache, wie Esperanto, fanden nicht genügend Widerhall bzw. wurden von den Großmächten – trotz UNESCO-Empfehlungen – verhindert.

In vielen Ländern, wie in Spanien, Belgien, Frankreich und Italien, existieren schwelende Sprachkonflikte; von afrikanischen Staaten oder Indien ganz zu schweigen. Sprachenpolitische Konfliktlösungen sind jedoch nicht leicht zu finden. Weder die Russifizierungspolitik der ehemaligen Sowjetunion noch die melting-pot-Politik der Vereinigten Staaten haben diese Problematik lösen können. Man denke nur an die USA mit ihren legal oder illegal einwandernden Hispanics, die nicht zum Englischen übergehen, sondern ihr Spanisch samt ihrer Kultur bewahren. Andererseits zeigt die Schweiz, daß mehrsprachige Staaten durchaus funktionieren können. Es gab im Laufe der menschlichen Entwicklung vielfältige Versuche zur Überwindung von Sprachbarrieren, die alle durch Veränderungen der Machtverhältnisse keine dauerhaften Lösungen brachten: so eine Gelehrtensprache wie das mittelalterliche Latein; oder Arabisch, Türkisch, Spanisch, Portugiesisch und Niederländisch in ihren damaligen Herrschaftsbereichen; Französisch als Sprache der Diplomatie und der herrschenden Kreise Europas; Deutsch im Habsburgischen Vielvölkerreich und in der Wissenschaft; Russisch in den weiten Gebieten des zaristischen Rußlands und im sowjetischen Imperium. Zwar dominiert in der heutigen Welt das Englische, dennoch rückt in den letzten Jahren das Chinesische stärker in den Blickpunkt; ebenfalls Portugiesisch und Spanisch sind nebst ihren südamerikanischen Varianten im Kommen.

Die Zeit vor Babylon, in der die Menschen mittels *einer* Sprache miteinander kommuniziert haben sollen, stellt letzten Endes den Traum von der *einen* Sprache des Paradieses dar. Die Vielsprachigkeit wird hingegen als Strafe gesehen. Diese Gedanken manifestieren sich in unterschiedlichen Formen bei vielen Geistesgrößen, angefangen bei Platon über Dante bis Zamenhof. So verwundern die Versuche zur Überwindung des in Babylon entstandenen Sprachwirrwarrs nicht, gleich ob man es mit Mehrsprachigkeit, Latein, Englisch, Esperanto, Übersetzungscomputern versucht oder generell die Sprache als Hindernis für die Kognition sieht bzw. von einer unveränderlichen poetischen Sprache oder gar der Überwindung der Sprache träumt. Die auf Leibniz, Herder, Humboldt u.a. basierenden positiven Bewertungen der Vielsprachigkeit bleiben in der Minderheit. Die alten griechischen Philosophen gingen von ihrer griechischen Sprache als der vollkommensten aus. Menschen, die anders sprachen, waren für sie „barbaroi", also Wesen, die unverständlich stammelten. Auch im römischen Imperium hatte man keine Probleme mit der Vielsprachigkeit, da man mit Latein über eine von allen, zumindest in den meisten Gebieten der damals bekannten Welt, gesprochene Sprache verfügte. In China hielt man die eigene Sprache für so einzigartig, daß sie für Ausländer nicht erlernbar sei. In Japan schottete man sich, durch die Insellage begünstigt, über Jahrhunderte von der Außenwelt ab. Analog zeigen heutige US-Amerikaner wenig Interesse für Fremdsprachen.

Die Tatsache, daß Plansprachen bisher nur begrenzte Erfolge aufzuweisen haben – obwohl sie sich überall in der Welt zur Lösung der vielgestaltigen Sprachenprobleme anböten –, wird in Verkennung der politischen Ursachen als Folge von sprachlichen Mängeln gesehen und nicht verstanden, daß es sich um Machtfragen handelt. Hinzu kommt eine in Bezug auf Sprachprobleme überwiegend konservative Weltgemeinschaft, die künstlich geschaffene Sprachen mit Mißtrauen und/oder Ablehnung betrachtet, so daß eine Einführung von Esperanto als Unterrichtsfach wie seine Verbreitung nicht nur von den Großmächten verhindert wird, sondern auch am Desinteresse der Menschen scheitern kann. Im sozialen, wissenschaftlichen und politischen Alltag besteht nach wie vor die Notwendigkeit, zeitaufwendig Ethno-Fremdsprachen zu erlernen oder/und Übersetzer und Dolmetscher bzw. Sprachverarbeitungsmaschinen zu Hilfe zu ziehen. Die Schwierigkeit der Verständigung zwischen Vertretern unterschiedlicher Sprachen zeigt sich vor allem in supranationalen Organisationen wie der Europäischen Union, den Vereinten Nationen und anderen internationalen Organisationen, erstreckt sich aber bis in den Tourismus, Handel und Alltag.

Nutzt man eine Ethno-Fremdsprache als Weltverkehrssprache, wie das Englische, entsteht ein starkes Kompetenz-Gefälle zwischen denjenigen, die ohne Zutun diese Sprache als Muttersprache sprechen und denen, die sie zeitaufwendig erlernen müssen und nur selten das Niveau eines Muttersprachlers erreichen.[14] Haarmann verweist aber darauf, daß Englisch nicht die Monopolstellung besitzt, wie viele glauben:

> „Nach Minimalschätzungen besitzen insgesamt mindestens 1,5 Milliarden Menschen aktive englische Sprachkenntnisse. Im Vergleich dazu nimmt sich die Zahl der englischen Primärsprachler mit rund 337 Millionen gering aus .... Im Kommunikationspotential der weitaus meisten Sprecher, die das Englische als Zweitsprache oder Zusatzsprache erworben haben, fungiert also eine andere Sprache als Englisch für die verschiedensten Funktionen. Dies beweist, daß die globale Funktion des Englischen eigentlich nur ein dünner Firnis ist, unter dem sich jeweils lokale kommunikative Interaktionsfelder aufbauen."[15]

---

[14] Vgl. Blanke, D.: Plansprachen und europäische Sprachenpolitik. In: Sprachenpolitik und Europa. Interlinguistische Informationen/Berlin, Beiheft 6, Oktober 2001, 85-105; Griebel, R.: Vorwort. In: Zwischen Utopie und Wirklichkeit. Konstruierte Sprachen für die globalisierte Welt. Bayerische Staatsbibliothek. München 2012, 7-10; Mattusch, M. H.-J.: Unsere Sprachenwelt und ihre Zukunft. Düsseldorf 2012, 116.

[15] Haarmann, H.: Weltgeschichte der Sprachen. München 2006, 354.

Eine solche Feststellung würde sicher auch auf Esperanto bei einer stärkeren Verbreitung zutreffen, obwohl es kaum Muttersprachler hat; was sich daraus für die Sprache selbst ergeben könnte, ist aus heutiger Sicht schwer vorauszusehen. Hinsichtlich des Englischen macht sich letzteres nicht nur bei Wirtschaftsverhandlungen, sondern gleichfalls in der Wissenschaft bemerkbar. Denn es geht hier nicht nur um die Beherrschung der Fachterminologie und der für Fachsprachen charakteristischen Grammatik, sondern um den Textaufbau, um die Art und Weise der argumentativen Vorgehensweise. Vor allem die Rhetorik der englischen Wissenschaftskommunikation weicht vom Deutschen ab. Zusätzlich mangelt es dem Nichtmuttersprachler an einer Einbettung in den kulturellen Kontext. Alles kann dazu führen, daß er bei englischsprachigen Diskussionen, in wissenschaftlichen Seminaren, bei Konferenzbeiträgen etc. in den Hintergrund gedrängt wird. Analog ist dies bei wissenschaftlichen Publikationen der Fall, wo sich ein deutlicher Unterschied zwischen englischsprachigen in der nicht englischsprachigen Welt erschienenen und solchen aus einem englischsprachigen Land zeigt. Viele amerikanische Wissenschaftler lesen keine Arbeiten europäischer Kollegen, selbst wenn diese in englischer Sprache verfaßt sind, und das nicht nur, weil sie sich am anderen Textaufbau und der für sie fremden Rhetorik stören, sondern weil ihnen die europäische Denkweise fremd ist und sie sich als Angehörige einer Großmacht wenig für die Forschungsergebnisse kleinerer Länder interessieren.

Die Menschheit sieht sich heutzutage – besonders im Internet – einer Informationsflut von kaum noch überschaubarem Ausmaß gegenüber. Im Weltsprachenalltag werden es dazu – trotz der starken Verbreitung der englischen Sprache – statt weniger, immer mehr sprachliche Stimmen, die Gehör finden möchten. Viele Menschen haben nicht die Notwendigkeit einer weltweiten Verständigung mit einer erdumfassenden Sprache begriffen und überbetonen ihre nationalsprachlichen Interessen. Obwohl Kommunikationsprobleme zwischen Gesprächspartnern unterschiedlicher Sprachen in der Welt täglich auftreten, wird die Gesamtproblematik von der Öffentlichkeit wenig beachtet. Ein gewisses Interesse zeigt sich erst, wenn mißglückte Kommunikation schwerwiegende Folgen hat wie Unfälle, Rechtsstreitigkeiten, verlorene Großaufträge u.a. Der Wunsch nach Beibehaltung der kulturellen und sprachlichen Mannigfaltigkeit schließt aber nicht aus, daß man sich in *einer* Sprache verständigen können muß. Englisch sollte bei solchen Überlegungen jedoch nicht zu einer Leitsprache hochstilisiert werden, sondern eine Hilfssprache bleiben, die internationale Verständigung erleichtert; auch sollte man Plansprachen als Zweitsprache nicht von vornherein verneinen. Gleichfalls der Umfang der Erlernung des Englischen sollte bedacht werden. Es sollte um eine Konzentration auf die internationale Kommunikation gehen, d.h. weniger um die Sprache als Kulturgegenstand, also nicht um den Versuch, quasi-muttersprachliche Fähigkeiten zu erreichen.

Die bisher erfolgreichste Plansprache, die im Jahre 1887 in ihren Grundlagen durch Zamenhof publiziert wurde, ist Esperanto. Selbst nach über 130 Jahren ist sie, im Gegensatz zu anderen Plansprachen, bis heute in über 130 Ländern mit zahlreichen Anhängern lebendig und verfügt über eine gut entwickelte kommunikative Infrastruktur. Esperantisten sind Angehörige einer Sprachgemeinschaft auf lokaler, nationaler und internationaler Ebene, die durch ein spezifisches eigenes

Kommunikationsnetz verbunden sind, welches Unterricht, Original- und Übersetzungs-Literatur, Presse, verschiedenste Organisationen, unterschiedlichste Veranstaltungen, Bibliotheken, Korrespondenz- und Reisedienste, Begegnungsstätten, Rundfunksendungen, Internet, Facebook und andere soziale Netzwerke umfaßt. Gleichfalls ist sich diese Gemeinschaft ihrer Geschichte, einschließlich der Erinnerung an Verfolgungen, besonders unter Hitler und Stalin, aber ebenfalls – trotz UNESCO-Empfehlungen – der Ignorierung durch die Großmächte, bewußt; auch besitzt sie eine ausgeprägte Gruppenidentität und Sprachtreue. Alles Merkmale, die sie mit in Diaspora lebenden Gemeinschaften teilt, obwohl Esperanto-Sprecher nicht wie diese auf ein früheres Zusammenleben innerhalb eines geschlossenen Territoriums zurückschauen können. Esperanto stellt für viele seiner Sprecher nicht nur eine Sprache dar, sondern einen Kulturträger, den es für sie zu erhalten und international zu nutzen und zu verbreiten gilt.

Obwohl die Ideale Zamenhofs gegenwärtig in der Esperanto-Bewegung unterschiedlich gesehen werden, manchmal betont herausgestellt werden oder aus dem Wunsch nach Neutralität und Objektivität mehr in den Hintergrund gedrängt werden, gaben und geben sie letzten Endes Esperanto im Vergleich zu anderen Plansprachen eine größere Dimension und Motivation. Der französische Esperantist Pierre Janton bemerkt dazu:

„Wie sehr auch die Vernunft für die Annahme einer Universalsprache sprechen mag und wie überzeugend die rein sprachlichen Argumente zugunsten des Esperanto sein mögen, selten ist es der Intellekt allein, der den einzelnen zum Esperantismus hinzieht und darin festhält."[16]

Festzuhalten ist, daß besonders in der ersten Periode des Esperanto, in der Zeit der Gründung bis zum Ersten Weltkrieg, die Esperanto-Bewegung trotz aller offiziellen Neutralität von den Ideen Zamenhofs beeinflußt blieb, denn letzten Endes wurden doch seine Ideale von Gerechtigkeit und Brüderlichkeit vertreten. Diese humanistische, wenn auch utopische Motivation, mittels einer internationalen Sprache Brüderlichkeit und Gerechtigkeit zwischen Menschen unterschiedlicher Rassen und Völker zu erreichen, war von großer Bedeutung für die Erfolge von Esperanto. Nach dem Ersten Weltkrieg und dem Tod Zamenhofs (1917) folgte eine Phase der Stabilisierung, in deren Verlauf die Ziele überdacht und Prioritäten gesetzt wurden. Verstärkt war man um die Ideale des Friedens bemüht. Eine gewisse Identität der Ziele des neu gegründeten Völkerbundes mit denen des Esperantismus führte dazu, daß letzterer sich vor allem durch die Lösung des Sprachenproblems definierte, mit dem sich der Völkerbund nicht befaßte. In diesem Sinne versuchte man, seine praktischen Vorzüge für den Frieden deutlich zu machen. Aus analogen Motiven verschob sich nach dem Zweiten Weltkrieg das Hauptinteresse des Esperantismus wiederum auf den sprachlichen Aspekt. Während gewissermaßen die „interna ideo" über die Vereinten Nationen auf Weltebene wirksam wurde, konzentrierte sich Esperanto auf sein sprachliches Ziel. Obwohl das Ideal der Brüderlichkeit und des Friedens sowohl durch die Charta der Vereinten Nationen wie durch Esperanto ausgedrückt wird, bleibt für viele Esperantisten die Idee

---

[16] Janton, P.: Einführung in die Esperantologie. Hildesheim, Zürich, New York 1993², 34.

der Brüderlichkeit ohne die Sprache und die menschlichen Beziehungen, die sie ermöglicht, zu abstrakt. Offensichtlich braucht eine Plansprache, solange sie keinerlei Lobby hat, ein gewisses „Sendungsbewußtsein", um weltweit Interesse erwecken zu können.

Man schätzt, daß zwar weltweit Hunderttausende oder vielleicht auch Millionen von Menschen Esperanto beherrschen, es jedoch nur ein Teil von ihnen aktiv nutzt, d.h. sich regelmäßig trifft, in Vereinigungen organisiert ist und an Kongressen usw. teilnimmt bzw. mit Esperantisten in aller Welt korrespondiert oder sich per Internet unterhält. In der Literatur schwanken die Zahlenangaben für Esperanto-Anhänger zwischen 500.000 und 3,5 Millionen, da man die Menge der nicht organisierten Esperantisten schwer einschätzen kann. Das linguistische Sammelwerk „Ethnologue" gibt eine Zahl von 2 Millionen an.[17] Weltweit zwei Millionen Sprecher wären schon mehr als viele Nationalsprachen überhaupt haben, wie z.B. Estnisch, Maltesisch u.a. – Schätzungen gehen weiter davon aus, daß in den über 130 Jahren der Existenz von Esperanto zwischen 5 und 15 Millionen Menschen Esperanto erlernt haben. Seine Sprecher leben schwerpunktmäßig in Europa und in Ländern wie China, Vietnam, Südkorea, Japan, Kuba und Brasilien. Esperanto-Sprecher kann man aber in fast allen Staaten der Welt finden, selbst in Afrika oder im fernen Australien und Neuseeland, d.h. ebenfalls in Ländern, in denen Englisch die vorherrschende Sprache ist.

Trotz aller lokalen und regionalen Erfolge ist Esperanto auf Regierungs- bzw. EU-Ebene, in den Vereinten Nationen oder anderen internationalen Organisationen nicht

---

[17] www.ethnologue.com (2018). Vgl. auch Anmerkung 2.

weiter gekommen. Auch eine Institutionalisierung von Esperanto – etwa durch die Einführung als (fakultatives) Schulfach – gelang nicht. Von der angestrebten Verwendung als Weltsprache ist es durch die Übermacht des Englischen weit entfernt. Zudem gilt es nach wie vor, die Masse der Erdbevölkerung für die Idee einer Plansprache zu gewinnen und dies mit jeder Generation von neuem, da Esperanto als Zweitsprache konzipiert ist und nicht wie eine Muttersprache von Generation zu Generation weitergegeben wird.[18]

Erschreckend ist der hohe Prozentsatz von EU-Bürgern, die keine Fremdsprachen gut genug sprechen, um sich darin unterhalten zu können, und zwar 46%! In einzelnen Mitgliedsländern liegt er noch weit über diesem Durchschnittswert: in Frankreich sprechen in diesem Sinne keine Fremdsprache 49%, in Spanien 54%, in Portugal 61%, in Italien 62%.[19] Der von der EU angestrebte Multilingualismus als sprachlicher Lösungsweg wird durch solche Zahlen fragwürdig.

Dabei muß man zwischen den Kommunikationsmöglichkeiten der meist mehrsprachigen EU-Beamten und denen der einfachen EU-Bürger unterscheiden. Ein sprachlicher Lösungsweg für die EU mittels Esperanto wird offiziell nicht diskutiert. Allerdings müßten für diesen Weg die Fachwortschätze des Esperanto erheblich ausgebaut werden, d.h. Esperanto ist für eine Rolle als

---

[18] Es gibt eine kleine Zahl von „Muttersprachlern" – man schätzt etwa 1.000 – die in esperantosprachigen Ehen aufwachsen.

[19] Vgl. online: Europäische Kommission. Spezial Eurobarometer 386. Die europäischen Bürger und ihre Sprachen. 2012. – In Deutschland nur 34%.

Europasprache noch nicht „fertig",[20] was vielen Esperantisten nicht bewußt ist, die meinen, man könne von heute auf morgen die sprachliche Bewältigung der komplizierten fachlichen Fragen der EU übernehmen.

Fachwortschatzlücken beruhen auf Anwendungslücken, die abhängig vom Bedarf nur schrittweise und am besten durch die Fachleute selbst geschlossen werden können. Man sollte gleichfalls bedenken, daß der Fachwortschatz einer Sprache in die Millionen geht![21] Dies kann Esperanto mit seinen nur ehrenamtlichen Kräften, die oft nicht die notwendige sprachliche und fachliche Ausbildung besitzen, nicht allein bewerkstelligen. Vielleicht sollte sich Esperanto zunächst auf den Tourismus, den Handel und Alltagsfragen beschränken und den spezielleren Fachwortschatz erst so weit erschließen, wie er für diese Gebiete notwendig ist? Es dürfte sich bei der Verquickung von Allgemein- und Fachsprache bereits hier um Hunderttausende von Termini handeln. Allein schon bei einem Durchschnittssprecher gehören 12.000 - 16.000 Wörter zum aktiven Wortschatz; der passive Wortschatz, also das, was man versteht, dürfte etwa das Fünffache betragen, also 60.000   80.000. Solchen umfangreichen Wortschatz gilt es, gleichfalls in einer Fremdsprache – wenn auch in gewissen Grenzen: man kann sich auch mit weniger verständigen – zumindest anzustreben. Selbst wenn der Esperanto-Wortschatz wesentlich einfacher zu erschließen ist, ist dies ebenfalls ein Problem für den Gebrauch von Esperanto.

---

[20] Vgl. Blanke, D.: Plansprachen und europäische Sprachenpolitik. In: Sprachenpolitik und Europa. Interlinguistische Informationen/Berlin, Beiheft 6, Oktober 2001, 85-105.
[21] Roelcke, T.: Fachsprachen. Berlin 2010³, 58.

Die Entwicklung von Naturwissenschaft und Technik, Medizin und Wirtschaft, wie von Politik und Kultur hat zu einer Spezialisierung der menschlichen Sprache geführt. Der berufliche Umgang mit Sprache nimmt heutzutage einen größeren Raum ein als die restliche sprachliche Tätigkeit; der Anteil der Fachpublikationen übersteigt den der übrigen Literatur, und selbst in den allgemeinen Medien wird immer stärker über Fachthemen berichtet. Als Folge wächst der Einfluß der Fachsprachen auf die allgemeine sprachliche Entwicklung. Sicher kann Esperanto, ausgehend von seinem Sprachaufbau und von seinen Wortbildungsmodellen, jeden fachsprachlichen Terminus bilden, da es alle innersprachlichen Voraussetzungen besitzt, um als Sprache von Wissenschaft und Technik zu funktionieren. Aber es wird immer problematisch, wenn die Bildung von Termini nicht durch die jeweiligen Fachwissenschaftler geschieht. Dazu braucht man nicht einmal in solche speziellen Gebiete wie die der Physik, Mathematik zu gehen; es beginnt bereits beim Versuch der Übersetzung des Maastrichter-Vertrages ins Esperanto oder bei Termini zum internationalen Finanz- und Bankwesen, wie entsprechende Untersuchungen zeigen.[22] Es handelt sich

---

[22] Vgl. Bormann, W.: Eine Plansprache als 12. Vertragssprache. In: Beihefte zu „Interlinguistische Informationen", Nr. 1 (November 1996): Becker, U. (Red.), Translation in Plansprachen, Gesellschaft für Interlinguistik. Berlin 1996, 34-38; Fellmann, U.: Probleme des Übersetzens in Esperanto in einer Arbeitsumgebung mit schnell wachsender und veränderlicher Terminologie am Beispiel der Abteilung „Structured Finance" einer internationalen Handelsbank (Fachbereich: Corporate Finance). In: Beihefte zu „Interlinguistische Informationen", Nr. 1 (November 1996): Becker, U. (Red.), Translation in Plansprachen, Gesellschaft für

→

dabei nicht um einen Mangel von Plansprachen, sondern um die allgemeinen Schwierigkeiten der Übersetzung von Fachbegriffen in eine andere Sprache.[23]

Es gibt unterschiedliche Meinungen zur Lösung der Sprachenproblematik, die sich zu fünf Gruppen zusammenfassen lassen:

1) Regelung der Sprachenfrage durch *Mehrsprachigkeit (Multilingualismus)*. In eingeschränkter Form: Erlernung von zwei Fremdsprachen, eine davon Englisch: die zweite eine nach beruflichen und privaten Interessen ausgewählte. Letztere könnte auch eine Plansprache wie Esperanto sein. Die dritte Sprache wäre die eigene, die Muttersprache.

2) Lösung des Sprachenproblems – abhängig von den jeweiligen Machtverhältnissen – durch *Etablieren einer Sprache*, wie gegenwärtig des Englischen, *als Weltverkehrssprache* (im Sinne einer Zweitsprache neben der Muttersprache).

3) Einsatz der *maschinellen Sprachverarbeitung* (auch in Kombination mit den anderen Lösungsvorschlägen).

Interlinguistik. Berlin 1996, 39-47; Schubert, K.: Zum gegenwärtigen Stand der maschinellen Übersetzung. In: Beihefte zu „Interlinguistische Informationen", Nr. 1 (November 1996): Becker, U. (Red.), Translation in Plansprachen, Gesellschaft für Interlinguistik. Berlin 1996, 14-33.

[23] Blanke, D.: Internationale Plansprachen – Wesen, historische Perspektive und aktueller Stand. In: Das Kommunikations- und Sprachenproblem in der Europäischen Gemeinschaft – Inwieweit könnte eine Plansprache zu seiner Lösung beitragen? Hanns Seidel Stiftung e.V., Europäisches Parlament. Brüssel 29.9.93, 63-74.

Hierbei kann Esperanto auch als Maschinensprache dienen.

4) Verwendung einer neutralen *Plansprache, wie Esperanto, als Weltverkehrssprache* (als Zweitsprache neben der Muttersprache). Denkbar wäre ebenfalls ein *wiederbelebtes oder vereinfachtes Latein bzw. eine andere Plansprache.*

5) Benutzung einer *Plansprache*, wie Esperanto, (als Zweitsprache neben der Muttersprache) *für den Alltag, Tourismus und Handel unter Beibehaltung von Englisch in der Wissenschaft.*[24]

Der erste Lösungsvorschlag, der im Rahmen der Europäischen Union angestrebt wird, geht von einer gleichberechtigten Anerkennung der Nationalsprachen aller Mitgliedsländer aus. In der Praxis läßt sich diese Lösungsvariante auf Grund der vielen EU-Sprachen (zur Zeit gibt es 24 EU-Amtssprachen /mit Erweiterung der EU werden es noch mehr werden/, hinzu kommen über 60 Regional- und Minderheitensprachen in diesen Ländern) kaum realisieren. Deshalb beschränkt man sich auf vielen Ebenen der Europäischen Union auf zwei Arbeitssprachen, und zwar Englisch und Französisch, wobei das Englische zunehmend dominiert.

Gleichfalls der zweite Lösungsvorschlag, also die Beschränkung auf eine Sprache, wie das Englische, und ihre Etablierung als internationale Verkehrssprache – neben der Muttersprache –, ist problematisch. Es handelt sich zwar um ein historisch übliches Verfahren, aber dennoch um eine undemokratische Lösung, die dem

---

[24] Vgl. hierzu und zu den folgenden Abschnitten: Mattusch, M. H.-J.: Unsere Sprachenwelt und ihre Zukunft. Düsseldorf 2012, 147 ff.

jeweiligen Muttersprachler einseitig Vorteile verschafft und dem Nichtmuttersprachler große Nachteile bringt. Auch wäre für die Erlernung der Umfang zu bedenken, d.h. eine Konzentration auf die internationale Kommunikation, also neben Alltagssituationen vor allem wissenschaftliche, technische, kommerzielle Kommunikation und weniger sprachliche Beschäftigung mit Kultur, Literatur etc. Andere Sprachen, einschließlich Esperanto, werden mit dieser „Lösung" an den Rand gedrückt.

Allein mit maschineller Sprachverarbeitung, dem dritten Lösungsvorschlag, läßt sich zur Zeit die Problematik noch nicht lösen, könnte aber in einer näheren Perspektive möglich werden. Üblich ist bereits die automatische Übersetzung für Teilbereiche, für die eine Rohübersetzungsqualität ausreicht, wie für wissenschaftliche Spezialgebiete, bei denen der Fachmann Mängel aufgrund seines Fachwissens korrigiert. Gegenwärtig angewandt wird von der EU, der NASA, der United States Air Force, von Google u.a. vor allem das System SYSTRAN (SYStem TRANslation).[25] Es gibt ebenfalls erfolgreiche Versuche mit Esperanto als Maschinensprache, wie die Ergebnisse des niederländischen Softwarenhauses BSO zeigen.

Die vierte Lösungsvariante ist die Einführung einer neutralen Plansprache, wie Esperanto, als Weltverkehrssprache oder wenigstens einer solchen für Europa neben den jeweiligen Muttersprachen im Sinne einer Zweitsprache. Diese Lösung würde allen Sprechern eine demokratische Chance zur gleichberechtigten Teilnahme

---

[25] Es handelt sich um ein Softwaresystem zur maschinellen Übersetzung, das in den 1960er Jahren vom gebürtigen Ungarn Peter Toma entwickelt und seitdem vielfach erweitert wurde.

an der Kommunikation bieten, da eine Sprache zum Einsatz käme, die niemandes Muttersprache ist. Eine Verwirklichung befindet sich aber zur Zeit noch im Bereich der Träume. Hinzu kommt, daß die Wissenschaft auf Grund der derzeitigen Terminologieentwicklung auf Englisch nicht verzichten kann bzw. will und Esperanto sich auf den Alltag, Tourismus und Handel beschränken müßte (neben der Muttersprache). Dies wäre die fünfte Variante.

Wenn die Frage der Sprache Europas noch offen wäre, würde Trabant für Latein plädieren, was jedoch in seiner klassischen Art mit seinen komplizierten grammatischen Formen für eine Massenverbreitung wohl zu schwierig wäre. Wer kann heute – selbst im Vatikan – noch Latein sprechen? Offensichtlich kann dies nur noch eine kleine Schar von Altphilologen, Lateinlehrern und Kirchenvertretern.[26] Aus solchen Bedenken resultierten Bemühungen zur Schaffung eines vereinfachten Lateins. So existieren unterschiedliche Versuche, wie etwa „Latino sine flexione" vom italienischen Mathematiker Giuseppe Peano (1858-1932) aus dem Jahre 1903. Es handelt sich um ein Latein ohne Deklination und Konjugation. Der klassische lateinische Wortschatz darf durch Termini aus modernen romanischen Sprachen ergänzt werden. Latino sine flexione besaß über drei Jahrzehnte eine gewisse Anhängerschaft, geriet aber dann in Vergessenheit. – Die Behauptung, Englisch spiele heutzutage eine analoge Rolle wie das Gelehrtenlatein des Mittelalters, ist problematisch, da das mittelalterliche Latein nicht mehr die Sprache des Römischen Reiches war, sondern das Verständigungsmittel einer europäischen

---

[26] Vgl. Goethe-Institut Moskau, 29.3.2011 (Internet: „Goethe-Institut-Rußland – Ende der sprachlichen Vielfalt").

Gemeinschaft von Wissenschaftlern ohne nationale Ansprüche. Englisch beinhaltet hingegen, besonders seitens der USA, einen Führungsanspruch in Wissenschaft, Politik, Kultur usw.

In der Gegenwart ist erneut ein stärkeres Interesse für Latein zu beobachten. So wurde für die Modernisierung der lateinischen Sprache vom Vatikan 1976 durch Papst Paul VI. (1963-1978) die Stiftung „Latinitas" gegründet, die das „Lexicon recentis latinitatis" erarbeitet, welches in der Ausgabe von 2004 über 15.000 moderne Begriffe enthält. Selbst in die Medien der Gegenwart fand Latein Eingang: Der finnische Rundfunksender YLE (Yleisradio) veröffentlicht regelmäßig die „Nuntii Latini" in schriftlicher und gesprochener Version oder als Podcast, ebenso (bis Dezember 2017) Radio Bremen. Radio F.R.E.I. aus Erfurt hat seit Juli 2015 eine wöchentliche Lateinsendung im Programm namens „Erfordia Latina".

Wenn es nicht gelingt, einen erdumfassenden Sprachlernprozeß in Gang zu setzen – und dies dürfte selbst mit einer Plansprache nicht einfach sein –, wird es weiterhin darauf hinauslaufen, daß sich allein eine kleine Schicht von Politikern, Managern, Ingenieuren und Spezialisten weltweit verständigen kann, die Masse der Weltbevölkerung aber von der globalen Kommunikation ausgeschlossen bleibt bzw. nur in begrenzter Form sich zu Alltagsfragen äußern kann. Vor allem das Bevölkerungswachstum wirft auf dem Gebiet der Fremdsprachen pädagogisch-didaktische und ökonomischsoziale Fragen in einer bisher unbekannten Größenordnung auf. Wer bezahlt in Zukunft für zehn oder mehr Milliarden Menschen die Fremdsprachenlehrer, die Unterrichtsmaterialien? Wer bildet die vielen notwendigen Lehrer aus, wer beschafft die Unterrichtsräume, erarbeitet die Lehrbücher für die unterschiedlichen

Völker und Sprachen? Wie will man solch ein Lern-projekt bei der beträchtlichen Anzahl von Analphabeten in vielen Ländern verwirklichen? Letzteres sind Fragen, die ebenfalls bei einer weltweiten Einführung von Esperanto akut würden![27]

Abgesehen von den dargestellten fünf Lösungs-möglichkeiten, wird es für die nähere Zukunft in Europa so aussehen, daß zum Sprachenrepertoire eines gebil-deten Europäers neben seiner eigenen Sprache Englisch gehören wird. Andere Fremdsprachen haben nur eine Chance, wenn mindestens zwei Fremdsprachen unter-richtet werden. Theoretisch wäre ebenfalls Esperanto denkbar. An der Spitze steht nach Englisch meist Franzö-sisch, gefolgt von Spanisch und Deutsch, zum Teil rangiert Deutsch vor Französisch und/oder Spanisch. In Rumänien hat Französisch eine Spitzenstellung, da Rumänisch als einzige Sprache Osteuropas wie Franzö-sisch ein Abkömmling des Lateinischen darstellt und das Land dadurch eine enge kulturelle Bindung zu Frankreich hat. Spanisch ist als Fremdsprache zwar in vielen Ländern in den letzten Jahren populärer geworden, aber in Schweden zeigt es mit 43,5% verblüffende Zahlen. Vielleicht ist es die Sehnsucht des kalten Nordens nach dem warmen Süden? Auch Frankreich und Portugal zeigen durch ihre Nachbarschaft zu Spanien ein stärkeres Interesse für Spanisch. Russisch spielt gegenwärtig in Europas Schulen nur eine untergeordnete Rolle. In Bulgarien und in der Slowakei ist das Interesse für Russisch, im Gegensatz zu anderen östlichen EU-Ländern, noch relativ hoch. In vielen ehemaligen Sowjet-republiken und heute selbständigen Staaten rückt man

---

[27] Vgl. Mattusch, M. H.-J.: Unsere Sprachenwelt und ihre Zukunft. Düsseldorf 2012, 153 ff.

von ihm ab, so in den zentralasiatischen Ländern und im Kaukasusgebiet. In Georgien, Armenien, den baltischen Staaten, Ungarn und Polen war man nie ein Freund des Russischen. Auch in der DDR gab es mit der Russischausbildung Probleme. Eine große Rolle spielt noch immer das negative Image der ehemaligen Sowjetunion. Es zeigt sich aber, daß seine Abschaffung in den neuen Staaten auf dem Gebiet der ehemaligen Sowjetunion oft schwierig ist, da für viele Menschen dort Russisch die einzige Fremdsprache ist, die sie einigermaßen beherrschen und auf die sie nicht verzichten können, wenn sie sich mit ihren anderssprachigen Nachbarn verständigen wollen.

Nachfolgend Zahlenangaben zu einer Reihe von europäischen Ländern, und zwar der prozentuale Anteil an Schülern, die 2013 im Sekundarbereich I, d.h. die Klassen 5-10, die entsprechende Sprache erlernten.[28]

Sprache / Land	Spanisch	Deutsch	Englisch	Französisch	Italienisch	Russisch
Deutschland	3,7	--	**97,8**	24,4	0,3	1,5
Frankreich	37,0	14,4	**98,4**	--	3,0	0,1
Spanien	--	3,1	**99,4**	38,7	0,1	0,0
Italien	21,3	8,6	**100,0**	68,7	--	0,0
Österreich	1,2	--	**99,9**	5,1	2,5	0,2
Niederlande	1,9	51,7	**96,6**	57,8	0,0	0,0
Schweden	43,5	19,3	**100,0**	15,6	0,1	0,0
Finnland	1,7	10,5	**99,4**	5,9	0,0	1,9

---

[28] Zahlen auf der Basis von: Spiegel Online vom 27.8.2015.

Land \ Sprache	Spanisch	Deutsch	Englisch	Französisch	Italienisch	Russisch
Dänemark	0,0	73,6	**100,0**	9,1	0,0	0,0
Portugal	24,1	0,7	**93,4**	63,3	0,0	0,0
Slowakei	0,7	57,7	**94,9**	2,6	0,1	20,5
Tschechien	1,7	32,4	**96,5**	3,3	0,1	7,7
Polen	1,4	69,0	**96,3**	3,7	0,3	7,7
Ungarn	0,0	37,7	**68,5**	0,5	0,1	0,1
Rumänien	0,4	10,3	**99,2**	85,0	0,4	0,2
Bulgarien	1,5	7,2	**86,8**	3,1	0,5	17,8

Selbst wenn man den Schwerpunkt der Esperanto-Anwendung auf Alltagsfragen, Handel und Tourismus legt, ist in der Praxis die Trennung von Allgemeinsprache und Fachsprache nur schwer möglich, da fast jede Unterhaltung sich wissenschaftlicher Ausdrücke bedient, sei es nur, wenn man vom Arztbesuch berichtet oder Meldungen zur wissenschaftlichen Thematik aus Zeitung, Radio oder Fernsehen wiedergeben möchte. Ebenfalls benötigt man Fachausdrücke, wenn man Bekannten erklären will, was man beruflich macht usw. Die Zunahme des Fachlichen muß zwangsläufig zu Veränderungen im allgemeinen Sprachgebrauch führen. So werden immer mehr Fachausdrücke aus der Naturwissenschaft und Technik, dem Sport, der Medizin, der Wirtschaft und Politik in die Allgemeinsprache übernommen, wo sie jedoch ihre wissenschaftliche Genauigkeit und Eindeutigkeit einbüßen. Neben der Technik und Medizin sind es besonders die der Wirtschaft und Politik, die die Allgemeinsprache beeinflussen. Ihre Terminologien wirken vor allem über die Konsumtionssphäre, gleich ob es sich dabei um technische Güter wie Autos, Fernsehgeräte, Musikanlagen, Computer, Handys oder um Wissen aus der Luft- und Raumfahrt, Medizin, Physik oder Wirtschaft handelt.

All solche Probleme muß gleichfalls Esperanto meistern, da Plansprachen, ebenso wie Ethnosprachen, ohne fachliche Anwendung nicht vollwertige Kommunikationsmittel sind. So gibt es fachliche Esperanto-Zeitschriften und Organisationen, u.a. publiziert die ISAE (Internacia Scienca Asocio Esperantista / Internationale Wissenschaftliche Esperanto-Gesellschaft) eine Zeitschrift „Scienca Revuo" (Wissenschaftliche Revue). Darüber hinaus sind in einer Reihe von Fachwörterbüchern – allerdings von unterschiedlicher Qualität – Fachausdrücke verschiedener wissenschaftlicher Disziplinen in Esperanto erfaßt.

Esperanto-Fachorganisationen umfassen solche für Ärzte, Eisenbahner, Wissenschaftler, Musiker u.a. Sie geben zum Teil ihre eigenen Zeitschriften heraus, organisieren Konferenzen und helfen den Gebrauch der Sprache im beruflichen Bereich auszuweiten. Die Internationale Akademie der Wissenschaften von San-Marino (Akademio Internacia de la Sciencoj /AIS/) erleichtert mit Esperanto die Zusammenarbeit auf Universitätsniveau. Große Allgemeinwörterbücher für Esperanto erfassen ebenfalls viel fachsprachliches Wortgut. Dennoch kann dies alles noch nicht den riesigen Fachwortschatz abdecken.

Derzeit gibt es 24 EU-Amtssprachen. Alle EU-Bürger haben das Recht, sich in all diesen Sprachen an die EU-Institutionen zu wenden und in derselben Sprache eine Antwort zu erhalten. EU-Verordnungen und sonstige

Rechtsdokumente werden in allen Amtssprachen[29] veröffentlicht. Im Europäischen Parlament haben die gewählten Volksvertreter das Recht, in jeder dieser Amtssprachen das Wort zu ergreifen. Formal bleibt die Frage nach *der* Sprache Europas offen, obwohl sie praktisch längst beantwortet ist. Trotz aller französischen Eindämmungsversuche und deutscher Einwände bildet Englisch überwiegend die Sprache der EU-Bürokratie von Brüssel und Straßburg. Schloßmacher[30] kommt in seinen Untersuchungen zum Schluß, daß unter den unteren und mittleren Beamten der EU-Organe die Anwendung von Französisch häufiger ist als die von Englisch. Hier spielt die französischsprachige Umgebung von Brüssel, Straßburg und Luxemburg eine Rolle. Die Abgeordneten des Europäischen Parlamentes verwenden hingegen Englisch stärker als Französisch. Wenn die Kommunikation über die EU hinausgeht, erfolgt ein Wechsel vom Französischen zum Englischen. Die Abgeordneten des Europäischen Parlamentes legen großen Wert darauf, in Parlamentsdebatten ihre eigenen Sprachen nutzen zu können.

So bleibt aus Kostengründen nur die Lösung, daß zwar jeder in seiner eigenen Sprache reden kann, aber nicht in alle Sprachen übersetzt wird, man also eine Mittler-

---

[29] Bulgarisch, Dänisch, Deutsch, Englisch, Estnisch, Finnisch, Französisch, Griechisch, Irisch, Italienisch, Kroatisch, Lettisch, Litauisch, Maltesisch, Niederländisch, Polnisch, Portugiesisch, Rumänisch, Schwedisch, Slowakisch, Slowenisch, Spanisch, Tschechisch, Ungarisch; hinzu kommen über 60 Regional- und Minderheitensprachen.

[30] Schloßmacher, M.: Die Amtssprachen in den Organen der Europäischen Gemeinschaft. Duisburger Arbeiten zur Sprach- und Kulturwissenschaft 25, Frankfurt/Main u.a. 1997^2.

sprache bzw. Relaissprache nutzt: diese ist meist Englisch. Im Europäischen Rat und im Parlament ist Englisch zur dominanten Sprache der EU geworden, selbst wenn man weiterhin die Mehrsprachigkeit betont. In der Praxis sprechen Letten und Dänen, Polen und Italiener usw. miteinander Englisch; das Französische verliert an Boden, vom Deutschen ganz zu schweigen. Alle Verträge bzw. alles, was juristisch von Bedeutung ist und in Schriftform herausgegeben wird, muß in die Amtssprachen aller Mitgliedsstaaten übersetzt werden. Da die Übersetzer dabei auf Grund der vielen EU-Sprachen häufig nicht nachkommen, werden wichtige EU-Vorschriften öfters verspätet wirksam.

Fiedler ermittelte, daß ihre Esperanto-Probanden Kenntnisse in durchschnittlich 3,45 Fremdsprachen über Esperanto und ihre Muttersprache hinaus haben, meist ist es Englisch, Französisch und Deutsch, aber ebenfalls Spanisch, Russisch und Latein sind vertreten. Man kann daher von guten Fremdsprachenkenntnissen als Merkmal heutiger Esperantisten ausgehen, womit deutlich wird, daß die gegenwärtige Situation eine andere ist als in den zwanziger Jahren des vorigen Jahrhunderts, wo unter den Arbeiter-Esperantisten – im Gegensatz zu den bürgerlichen Esperanto-Gruppen – zahlreiche Menschen waren, die keine Fremdsprache sprachen. Besonders häufig vertreten sind unter heutigen Esperanto-Sprechern Berufe wie Lehrer, Angestellte und Beamte, Ingenieure und Techniker, d.h. weniger Arbeiter.[31] Die Ergebnisse von Fiedler zeigen, daß sich die Motive der Esperanto-Sprecher für das Erlernen von Esperanto nicht auf praktische Bedürfnisse beschränken – sie könnten sich auch

---

[31] Fiedler, S.: Plansprache und Phraseologie. Frankfurt a.M. u.a. 1999, 166/167.

mittels anderer Fremdsprachen verständigen –, sondern gleichfalls idealistische, gesellschaftliche, wissenschaftliche u.a. Zielsetzungen vorliegen. Für Länder wie Brasilien, Kuba, China, Vietnam, Japan sind keine entsprechenden Untersuchungen bekannt; es könnte dort durchaus mehr Menschen geben, die außer Esperanto keine weitere Fremdsprache sprechen.

Blanke nennt folgende Motive für die Beschäftigung mit Plansprachen:

1) pragmata motivaro = Anwendung der Sprache für praktische Bedürfnisse,

2) idealisma motivaro = Eintreten für den alten Menschheitstraum internationaler Verständigung,

3) societa motivaro = Wohlfühlen in der Gemeinschaft / soziale Kontakte,

4) prestiĝa motivaro = Streben nach Anerkennung, die im übrigen Leben vielleicht versagt blieb,

5) interlingvistika motivaro = wissenschaftliches Interesse am Phänomen Plansprache,

6) heŭristika motivaro = Auswirkung des interlinguistischen Denkens auf andere wissenschaftliche Disziplinen,

7) intelekte-ludisma motivaro = Freude an einem exotischen Wissensgebiet, das kreative Beschäftigungsmöglichkeiten bietet.[32]

Dazu können noch andere, persönliche Motive kommen wie: Esperanto lernen aus Liebe zum Partner oder aus Sympathie innerhalb einer Gemeinschaft (Familie,

---

[32] Blanke, D.: Pri la aktuala stato de interlingvistiko. In: Carlevaro, T. (Hrsg.): Domaine de la recherche en linguistique appliquée. Bellinzona 1998, 6-94.

Schulklasse etc.), die Esperanto sprechenden Eltern wecken Interesse bei ihren Kindern u.a.m. Viele dieser Motive in Berichten von Esperantisten, wie sie zu Esperanto fanden, finden sich bei E. Mattusch, aber auch abenteuerliche Einzelfälle, wie beispielsweise ein deutscher Soldat in englischer Kriegsgefangenschaft in Ägypten in einem Rotkreuz-Päckchen ein Esperanto-Lehrbuch findet, sich interessiert und autodidaktisch die Sprache erlernt.[33]

Die Motive für das Erlernen von Esperanto sind bis auf den ersten Punkt andere als beim Erlernen von Ethno-Fremdsprachen. Englisch wird in Deutschland als weltweites Verständigungsmittel betrachtet, und es wird ihm deshalb ein hoher Nutzwert zugewiesen. Französisch wird neben beruflichen Zwecken eher als Hobby verstanden, dessen Wert in der Anwendung häufig im Urlaub gesehen wird. Noch deutlicher ist das Urlaubs-motiv beim Italienischen. Bei Spanisch werden neben dem Urlaubsmotiv berufliche Verwertbarkeit und gene-reller Nutzen öfters genannt als beim Französischen und Italienischen. Portugiesisch, Griechisch, Bulgarisch, Rumänisch, Kroatisch, Türkisch u.a. sind hingegen offenbar selbst aus Urlaubsmotiven heraus uninteressant, hier verläßt man sich darauf, daß man in den betreffenden Urlaubsgebieten Deutsch oder Englisch spricht. Das Erlernen von Russisch, Chinesisch, Japanisch, Arabisch etc. basiert – trotz ihrer Schwierigkeiten – meist auf Interesse für „exotische" Sprachen, aber ebenfalls in der Hoffnung einer beruflichen Verwertbarkeit. Für die vielen anderen EU-Sprachen, mit Ausnahme von Nieder-

---

[33] Mattusch, E. und M.H.-J.: Esperanto – ein Ausweg aus Babylon. 95 Jahre Esperanto in Düsseldorf. Düsseldorf 2002, 152 ff.

ländisch und Schwedisch, besteht weniger Interesse in Deutschland. Offenbar fehlen Motive für die Erlernung oder man schreckt vor ihrem Schwierigkeitsgrad, wie bei Ungarisch oder Finnisch, zurück. Ein gewisses Interesse, allerdings kein allzu großes, besteht in Grenznähe zur Sprache des jeweiligen Nachbarn, wie Dänisch, Polnisch, Tschechisch u.a.

Die Zeit, die man zum Erlernen von Esperanto aufwenden muß, ist – wie bei anderen Sprachen – abhängig von den individuellen Voraussetzungen; auch Kenntnisse weiterer Sprachen erleichtern das Lernen. Ebenfalls in der eigenen Sprache sollte man die grundlegende Grammatik beherrschen. Man meint, ausgehend von Erfahrungswerten, daß man Esperanto nach etwa 40-50 Stunden hinsichtlich der Grammatik und eines Grundwortschatzes erlernen und einigermaßen sprechen könne. Sprecher, die hinsichtlich ihrer Muttersprache von einem anderen Sprachsystem als dem indoeuropäischen kommen, benötigen – vor allem für die Aneignung des Wortschatzes (worüber besonders Chinesen klagen) – mehr Zeit. Offen bleibt bei solchen Zahlenangaben, welches Niveau in welcher Zeit in der Beherrschung von Esperanto zu erreichen ist, wodurch sich obiger Zahlenwert erhöhen kann. Blanke[34] unterscheidet beim Esperanto drei Sprachschichten:

a) die „hochsprachige Variante", d.h. die Sprache der schriftlichen Texte, der gehobenen Konversation, der Belletristik, der Presse, des Rundfunks und der Wissenschaft, wo der Sprecher selbst zur Entwicklung der Sprache beitragen kann;

---

[34] Blanke, D.: Internationale Plansprachen. Berlin 1985; Tonkin, H.: Esperanto, Interlinguistics and Planned Language. Lanham-Oxford: University Press of America 1997.

b) eine „umgangssprachliche Variante" mit einem gerin-
geren Wortschatz und weniger Stilmitteln und

c) ein „reduziertes Esperanto" des Anfängers oder noch
Ungeübten,

wobei manche Esperantisten nie die Stufen a) und b)
erreichen; dennoch wird selbst auf Ebene c) noch eine
beachtliche Kommunikation realisiert, wenn ein
bestimmtes Niveau nicht unterschritten wird. Zumindest
wird – trotz des Fehlens wissenschaftlicher Daten – deutlich, daß Esperanto schneller zu erlernen ist als eine
Ethno-Fremdsprache. Das Einfachste ist bei Esperanto,
im Vergleich zu Ethno-Sprachen, die Grammatik, für den
Wortschatz braucht man – trotz seines einfachen Wort-
bildungssystems –, je nach angestrebtem Niveau, länger.

Vermehrt werden für Esperanto auch Sprachprüfungen
angeboten. Bisher lief der Esperanto-Unterricht mehr
oder weniger ohne Prüfungen, was der Begeisterung für
diese Sprache keinen Abbruch getan, sondern sie eher
gefördert hat. Diese Prüfungen werden in unregel-
mäßigen Abständen an wechselnden Orten angeboten, in
der Regel auf Esperanto-Treffen. Die nach dem gemein-
samen europäischen Referenzrahmen auf den Niveaus
B1, B2 und C1 angebotenen Sprachprüfungen des
Weltesperantobunds UEA wurden in Zusammenarbeit
mit dem Staatlichen Sprachprüfungszentrum in Budapest
(ITK) entwickelt. Am ungarischen ITK wird Esperanto
als staatlich anerkannte Fremdsprache gleichberechtigt
mit anderen unterrichtet und geprüft. In Ungarn müssen
Studenten ausreichende Fähigkeiten in einer oder zwei
lebenden Fremdsprachen nachweisen; Esperanto ist
hierbei zugelassen. Seit dem Jahr 2000 bis 2016 wurden
in Ungarn über 25.000 staatlich anerkannte Esperanto-
Sprachprüfungen abgelegt. Eine solche Prüfung hat aber

nur Sinn, wenn man sie als Nachweis verwenden kann oder man selber Freude an einem solchen Papier hat.

Interessant sind die Ergebnisse des niederländischen Softwarenhaus Buro voor Systeemontwikkeling (BSO/Research in Utrecht), welches in den Jahren 1985 bis 1990 einen Prototyp eines Übersetzungssystems mit Esperanto als Zwischensprache entwickelte. Dabei handelt es sich um ein halbautomatisches System mit einem nur geringfügig modifizierten Esperanto als Maschinen- bzw. Brückensprache. Die Ausgangssprache wird in Esperanto codiert und in die Zielsprache decodiert. Halbautomatisch deshalb, weil der Eingeber der Ausgangsprache die Qualität der Übersetzung befördert, indem er Fragen des Systems bei semantischen Problemen beantwortet. Die praktische Erprobung und Anwendung begann mit Flugzeugwartungsbüchern. Für diesen komplizierten technischen Bereich wurde die Esperanto-Terminologie von einem Expertenteam neu entwickelt. Dabei zeigte sich, daß nur für ein halbes Prozent der neuen Fachwörter neue Wortwurzeln gebildet zu werden brauchten, da 99,5% der erforderlichen Termini entweder in Esperanto-Terminologiewörterbüchern vorhanden waren oder durch Zusammensetzung vorhandener Wörter gebildet werden konnten.[35]

---

[35] Schubert, K.: Zum gegenwärtigen Stand der maschinellen Übersetzung. In: Beihefte zu „Interlinguistische Informationen", Nr. 1 (November 1996): Becker, U. (Red.), Translation in Plansprachen, Gesellschaft für Interlinguistik. Berlin 1996, 14-33; Schubert, K.: Ausdruckskraft und Regelmäßigkeit. Was Esperanto für automatische Übersetzung geeignet macht. In: Tonkin, H. (Hrsg.): Esperanto, Interlinguistics and Planned Language. Rotterdam u.a. 1997, 117-139.

Etwa in der Entstehungszeit von Esperanto (Zamenhof, 1887) wurde neben Esperanto die Plansprache Volapük (Schleyer/1879)[36] entwickelt, die zeitweilig weltweit Anhänger fand. Während Volapük auf Dauer jedoch kein Erfolg beschieden war, wird Esperanto bis heute gesprochen. Das Hauptproblem für Volapük war, daß Schleyer versuchte, die Kontrolle über seine Sprache zu behalten. So behielt er sich die Einführung neuer Vokabeln sowie ein Vetorecht vor. Zudem erwies sich Volapük als schwer erlernbar. Der Wortschatz wurde zwar verschiedenen europäischen Sprachen entnommen, jedoch wurden die einzelnen Wörter so stark verändert, daß sie kaum noch zu erkennen waren. – Häufig wird nicht zwischen Plansprachenprojekten und einer in der Praxis funktionierenden Plansprache unterschieden. Trotz bisher ca. 1.000 solcher Projekte gelang es nur wenigen Plansprachensystemen, für eine gewisse Zeit und in begrenztem Umfang eine Rolle als Kommunikationsmittel zu spielen; zu nennen wären Latino sine flexione bzw. Interlingua (Peano 1903), Ido (Couturat / Beaufront 1907), Occidental-Interlingue (Wahl 1922), Novial (Jespersen 1928), Interlingua (Gode / IALA 1951), Glosa (Hogben / Clark / Ashby 1981).[37]

Ludwig (Ludwik) Lazarus (Lejzer) Zamenhof wurde 1859 in einer jüdischen Familie[38] im heutigen polnischen

---

[36] Vgl. Haupenthal, R.: Johann Martin Schleyer (1831-1912) und seine Plansprache Volapük. In: Zwischen Utopie und Wirklichkeit. Konstruierte Sprachen für die globalisierte Welt. Bayerische Staatsbibliothek. München 2012, 63-84.

[37] Blanke, D.: Internationale Plansprachen. Eine Einführung. Berlin 1985.

[38] Es ist folglich ein Unding, wenn aus Nationalismus oder Antisemitismus heraus manche Esperantisten, z.B. in Polen,

→

Białystok – damals Teil des russischen Zarenreiches – geboren, einer Stadt, in der unterschiedliche Bevölkerungsgruppen (vor allem Juden, Polen, Russen und Deutsche, aber auch Weißrussen, Litauer und Ukrainer) wohnten. So lernte er früh die Problematik des Nebeneinanders vieler Sprachen, Rassen, Nationalitäten, Religionen und Meinungen kennen (vgl. auch Anhang 2: Zeittafel Esperanto):

> „Wäre ich nicht ein Jude des Gettos gewesen, der Gedanke, die Menschheit zu einigen, hätte meinen Geist entweder nie berührt oder er hätte mich nicht mein ganzes Leben hindurch so hartnäckig verfolgt. Niemand kann das Unheil der menschlichen Spaltung so empfinden wie ein Jude des Gettos. Niemand kann die Notwendigkeit einer menschlich neutralen, anationalen Sprache so stark empfinden wie ein Jude, der gezwungen ist, zu Gott zu beten in einer seit langem toten Sprache, der seine Erziehung und Unterweisung erhält in der Sprache eines Volkes, das ihn ablehnt, und der Leidensgenossen hat auf der ganzen Welt, mit denen er sich nicht verständigen kann ... Mein Judentum war der Hauptgrund, weshalb ich mich seit meiner frühesten Kindheit einer Idee und einem großen Traum verschrieben habe, – dem Traum, die Menschheit zu einigen.“[39]

Nach den schweren Judenpogromen von 1881 infolge der Ermordung des Zaren Alexanders II. sahen viele Juden

---

den Juden Zamenhof, der damals im zaristischen Rußland lebte, zum „polnischen" Augenarzt Zamenhof machen.

[39] Brief an Michaux, 21.2.1905, zitiert nach Janton, P.: Einführung in die Esperantologie. Hildesheim, Zürich, New York 1993², 22.

die Lösung der Judenfrage nicht mehr im Versuch der Anpassung an die feindselige russische Umgebung, sondern in der Schaffung eines eigenen jüdischen Staates. Zamenhof sah jedoch das Ende der Diaspora weder in der Gründung eines eigenen Staates noch sprachlich als Rückkehr zu einem modernisierten Hebräisch, sondern in einer neuen, neutralen Sprache. Nach Abschluß des Gymnasiums 1879 ging Zamenhof zunächst nach Moskau und später nach Warschau, um Medizin zu studieren. Er spezialisierte sich in Wien auf Augenheilkunde und begann 1887 in Warschau zu praktizieren. Zamenhof, der Sohn eines Lehrers für moderne Fremdsprachen, konnte Russisch, Deutsch, Polnisch und Jiddisch sprechen, verstand vom Russischen und Polnischen her sicherlich auch Ukrainisch und Belorussisch, konnte Latein, Hebräisch und Französisch lesen und besaß Kenntnisse in Griechisch, Englisch, Italienisch und vermutlich im Spanischen und Litauischen, eventuell ebenfalls im Estnischen.[40] Er brachte also beste sprachliche Voraussetzungen für die Konstruktion einer neuen Sprache mit.

Die Grundlagen von Esperanto wurden als „Lingvo Internacia (Internationale Sprache)" im Jahre 1887 von Zamenhof veröffentlicht. Sein Pseudonym „Doktoro Esperanto" (von esperi – hoffen, esperanto – der Hoffende, also der /auf die völkerverbindende Rolle seiner Sprache/ Hoffende) wurde zum Namen der Sprache

---

[40] Vgl. hierzu und zu den folgenden Abschnitten: Mattusch, M.H.-J.: Vielsprachigkeit: Fluch oder Segen für die Menschheit? Frankfurt a.M. 1999; Mattusch, E. und M.H.-J.: Esperanto – ein Ausweg aus Babylon. 95 Jahre Esperanto in Düsseldorf. Düsseldorf 2002; Mattusch, M.H.-J.: Unsere Sprachenwelt und ihre Zukunft. Düsseldorf 2012.

selbst. Da Grün die Farbe der Hoffnung ist, wurde sie zum Kennzeichen für Esperanto. Zamenhofs nur 40-seitiges Werk war der Beginn der Esperanto-Bewegung, die im Zeitalter des Nationalismus eine neue transnationale Sprachgemeinschaft begründete, der zugleich der Gedanke der Völkerverständigung innewohnt.

Esperanto war nicht nur eine Sprache mit einer weltumfassenden Dolmetscherfunktion, sondern zugleich eine solche mit einer weltverbindenden Friedensmission. Letztere basiert auf einer Art Universalreligion (von Zamenhof als „Homaranismo" = Menschheitslehre bzw. Menschlichkeitslehre bezeichnet /auch „Kosmopolitischer Humanismus" genannt/), die Zamenhof parallel zu seiner Sprache Esperanto entwickelte, die aber eher einen eigenständigen humanitären Internationalismus als eine Religion darstellt. Sein Homaranismo achtet die Bindung des Menschen an sein Vaterland, seine Religion und Sprache, will aber die unterschiedlichen Menschen zu einer großen menschlichen Gemeinschaft durch die Verwendung einer neutralen Verkehrssprache und einer universalen Religion vereinigen, in der jeder die Freiheit hat, den Gottesbegriff auf seine Weise zu sehen. Seine humanistische, wenn auch utopische Motivation, durch eine internationale Sprache Gleichheit, Brüderlichkeit und Gerechtigkeit zwischen Menschen verschiedener Rassen und Völker zu erreichen und damit Konflikte und Kriege zu verhindern, war für Esperanto vor allem in seinen Anfängen und in den Jahren bis zum 1. Weltkrieg von großer Bedeutung; ist aber auch heute nicht vergessen.[41]

---

[41] Künzli, A.: L.L. Zamenhof (1859-1917) Esperanto, Hillelismus (Homaranismus) und die „jüdische Frage" in Ost-
→

In solchen Vorstellungen Zamenhofs, die, im Gegensatz zu seiner Sprache, weniger Verbreitung fanden, liegt sowohl die Stärke als auch die Schwäche von Esperanto begründet, weil das, was für die einen anziehend, für andere verdächtig ist, da sich linguistische und ideologische Kriterien vermischen. Mehr Verbreitung fand Zamenhofs „interna ideo", die dem Esperanto innewohnende Idee. Obwohl sie nie genau definiert wurde, wurde sie zu einer Art Minimalkonsens über die geistigen Grundlagen des Engagements für Esperanto.[42]

Neuere Forschungen zeigen, daß Zamenhofs Ideen auch heute aktuell sind, da sie zwischen der Bindung an die eigene Nation und der Zugehörigkeit zur globalen Gemeinschaft einen Ausgleich versuchen, was sich mit einem modernen, im Alltag verwurzelten Kosmopolitismus deckt. Der Homaranismo Zamenhofs weist Ähnlichkeiten zum modernen Projekt Weltethos von Hans Küng auf. Danach können die Religionen nur dann einen Beitrag zum Weltfrieden leisten, wenn es ihnen gelingt, einen Grundkonsens an Werten, Normen und Grundhaltungen zu finden.[43] – In den letzten Jahrzehnten hat sich Esperanto auf die Ziele der Vereinten Nationen,

---

und Westeuropa. Wiesbaden 2010; Vgl. auch: Wikipedia unter „Homaranismo" 2018.

[42] Vgl. Lins, U.: Die ersten hundert Jahre des Esperanto. In: Zwischen Utopie und Wirklichkeit. Konstruierte Sprachen für die globalisierte Welt. Bayerische Staatsbibliothek. München 2012, 92.

[43] Hans Küng ist ein Schweizer Theologe und römisch-katholischer Priester. Von 1960 bis zu seiner Emeritierung im Jahr 1996 war er Theologie-Professor an der Universität in Tübingen. Küng gilt als einer der bekanntesten Kirchenkritiker unter den akademischen katholischen Theologen. Vgl. Wikipedia: Hans Küng 2018.

vor allem denen der Allgemeinen Menschenrechte, bezogen und sich auf seine sprachlichen Aufgaben konzentriert. Neben den praktischen Anwendungsmöglichkeiten der Sprache zieht aber viele Menschen nach wie vor die Idee der Völkerverständigung und einer gleichberechtigten und demokratischen Kommunikation an, d.h. die Beseitigung von Sprachprivilegien und -barrieren.

Einerseits ist es erstaunlich, wie viele Menschen von Esperanto nie gehört haben, obwohl es sich längst von einem künstlich geschaffenen System zu einer Sprache wie jede andere entwickelt hat, andererseits bemerkenswert, wie viele eine gewisse – wenn auch meist unklare oder falsche – Vorstellung von Esperanto haben. Man hält Esperanto für eine weltfremde Idee, die durch die Verbreitung des Englischen längst obsolet geworden sei oder empfindet gar „Ekel", wenn man ein künstlich gebildetes Esperanto-Wort ausspricht.[44] Gleichfalls wird Esperanto von Linguisten abwertend als „heimatloses Fertigprodukt mit Werkzeugcharakter" bezeichnet,[45] Hinzu kommen psychologische Aspekte für innere Widerstände gegen Esperanto.[46] So wird die Verwendung einer künstlichen Sprache als Angriff auf die Muttersprache empfunden, was schwer faßbare Ängste bedingen kann. Der frühere Bundestagspräsident Norbert Lammert

---

[44] Wittgenstein, L.: Vermischte Bemerkungen – Eine Auswahl aus dem Nachlaß. Frankfurt a. M. 1978.

[45] Vgl. Christ, H.: Fremdsprachenunterricht für das Jahr 2000. Sprachpolitische Betrachtungen zum Lehren und Lernen fremder Sprachen. Tübingen 1991, 38.

[46] Piron, Cl.: Heroldo de Esperanto. April und Mai 1998.

sieht Esperanto sogar als „jämmerlich gescheitert".[47] Alle solche Behauptungen zeigen, daß noch immer flächendeckend falsche Vorstellungen über Esperanto bestehen.

Die Gründe für eine Ablehnung von Plansprachen können vielfältiger Natur sein. So wird nicht verstanden, daß eine Plansprache im Laufe ihrer Entwicklung trotz ihres künstlichen Ursprunges zu einer natürlichen Sprache werden kann; auch vermischt man die unterschiedlichen Bestimmungen einer Ethnosprache und einer Plansprache. Letztere ist jedoch nicht als Muttersprache konzipiert, sondern als Zweitsprache gedacht, während Ethnosprachen in der Regel die Funktion haben, Muttersprache zu sein (einige von ihnen werden ebenfalls als Verständigungsmittel zwischen Verschiedensprachigen verwendet, so das Englische wie das Französische, Russische u.a.). Hinzu kommen Mystifizierungen von Ethnosprachen, die Ausdruck einer Seele eines Volkes oder unterschiedlicher Denk- und Erkenntnisinstrumente u.a.m. seien. Oft spricht man einer Plansprache ihre fachsprachliche Eignung ab oder glaubt, sie verlöre bei ihrer Einführung ihre Neutralität. Auch meint man, daß eine Plansprache bei europa- oder weltweitem Einsatz in Dialekte zerfallen könnte oder wirft ihr vor, daß sie keine nennenswerte Kultur besäße.

---

[47] Er sagte anläßlich seiner Auszeichnung mit dem „Jacob-Grimm-Preis Deutsche Sprache" in einem Interview über Esperanto: „Der Versuch, eine Kunstsprache anstelle lebendiger, historisch gewachsener Sprachen zu setzen, ist trotz erheblicher Anstrengungen jämmerlich gescheitert." Vgl. Internet: Norbert Lammer. Deutsche Sprache. 2018; Lu Wunsch-Rolshoven: Norbert Lammert und Esperanto. Esperanto aktuell 2018/3,15-16.

Aber selbst von Sprachwissenschaftlern und Philosophen wird eine Lösung des internationalen Sprachenproblems mittels Esperanto oder anderer Plansprachen häufig verneint oder man plädiert für eine Wiederbelebung von Latein für Europa[48] bzw. akzeptiert das Englische als de facto Weltsprache. Es gibt zudem nicht wenige Wissenschaftler, die Plansprachen ignorieren bzw. ein Negativurteil über sie fällen, ohne sich näher mit ihnen befaßt zu haben. Viele von ihnen ziehen – trotz Bedenken gegen eine Vorherrschaft des Englischen – eine „lebendige" Kultur, wie die der angloamerikanischen, einer „künstlichen", wie der von Esperanto, vor. Zudem gilt es nach wie vor unter Wissenschaftlern als unseriös, sich mit Plansprachen zu befassen. Diese Ignoranz ist um so verwunderlicher, als genügend Fachliteratur zur Thematik existiert. Allein der Besuch eines Esperanto-Weltkongresses würde die Funktionsfähigkeit einer Plansprache erkennen lassen. Andere Fachleute wiederum halten zwar die Sprache Esperanto für geeignet, kritisieren aber die Esperanto-Bewegung.[49] Oft stört man sich auch an der historisch entstandenen Bezeichnung „Bewegung", die in Deutschland – besonders durch die Nazijahre – ideologisch belastet ist.

Bei der Diskussion um die Verwendung einer künstlich geschaffenen neutralen Sprache erlebt man immer wieder, daß Unwissenheit Trumpf ist. So sind sich selbst Mitarbeiter der EU-Institutionen, die täglich mit dem Sprachenproblem konfrontiert werden, weder der Gefahr

---

[48] Vgl. eine Expertendiskussion mit Jürgen Trabant am Goethe-Institut Moskau vom 29.3.2011 (Internet: „Goethe-Institut-Rußland – Ende der sprachlichen Vielfalt"). Vgl. auch: Trabant, J: Was ist Sprache. München 2008.

[49] Vgl. Anmerkung 7.

der gegenwärtigen Sprachenpolitik für den langfristigen Zusammenhalt der EU bewußt, noch besitzen sie Kenntnisse über die Möglichkeiten einer nicht diskriminierenden Sprachenpolitik.[50] Den wenigsten Sprechern einer „natürlichen" Sprache ist bewußt, wieviel an ihrer Sprache im Laufe der Jahrhunderte bereits „künstlich" ist. Folge davon sind unsachliche Stellungnahmen zu künstlich geschaffenen Sprachen und übertriebene sprachpuristische Diskussionen hinsichtlich der eigenen Sprache.

Neben negativen Stimmen existieren aber ebenfalls zahlreiche positive. So beherrschten der ehemalige österreichische Bundespräsident Franz Jonas wie der jugoslawische Staatspräsident Jozif Broz Tito Esperanto und setzten sich für diese Sprache ein. Gleichfalls Schriftsteller wie Leo Tolstoj, Upton Sinclair, Henri Barbusse, Romain Rolland, Umberto Eco sympathisierten mit Esperanto oder nutzten es selbst; hinzu kamen Philosophen wie Rudolf Carnap, Bertrand Russel, aber auch eine Reihe von Sprachwissenschaftlern haben Plansprachen bejaht bzw. selbst gesprochen.[51] Erwähnenswert sind Naturwissenschaftler wie der Physiker Λ. Cotton, die Chemiker William Ramsey und Wilhelm Ostwald, die für Esperanto und/oder Ido eintraten. Prominente Unterstützer von Esperanto waren Mahatma Gandhi, Albert Einstein u.a. Auch Jules Vernes, Gustav Eiffel,

---

[50] Mattusch, M. H.-J.: Globalisierung und europäischer Fremdsprachenunterricht. In: Studoj pri interlingvistiko. Festlibro por Detlev Blanke. (Hrsg. S. Fiedler, Liu Haitao). Praha 2001, 77-94.

[51] Vgl. Baudouin de Courtenay, Otto Jespersen, Antoine Meillet, Hugo Schuchart, G. F. Meier, Eugen Wüster, Karl Ammer, Detlev Blanke, A. Künzli, R. Haupenthal u.a.m.

Rudolf Diesel, Robert F. Kennedy, Fidel Castro u.a. äußerten sich positiv zu Esperanto. Ebenfalls aus unseren Tagen sind bekannte Menschen zu nennen, die gut Esperanto sprechen, wie der des Slawisten und ehemaligen Botschafters der BRD in Moskau (2010-2013) und Lissabon (2014-2016) Ulrich Brandenburg, der seit 2017 Präsident des Deutschen Esperanto-Bundes ist, oder der verstorbene Reinhard Selten, deutscher Nobelpreisträger für Wirtschaftswissenschaften. Zu den Fans von Esperanto zählt auch der US-Schauspieler William Shatner, der berühmte Captain Kirk aus dem „Raumschiff Enterprise".

Der Philosoph Rudolf Carnap, der mit 14 als Autodidakt Esperanto lernte, schreibt in seinen Erinnerungen:

> „... Als ich wenige Jahre später einen internationalen Esperanto-Kongreß besuchte, kam es mir wie ein Wunder vor, als ich merkte, wie leicht es mir fiel, den Reden und Diskussionen auf den großen, öffentlichen Sitzungen zu folgen und in der persönlichen Unterhaltung mit Ausländern aus vielen Ländern zu sprechen, während ich Unterhaltung in den Sprachen, die ich jahrelang in der Schule gelernt hatte, nicht zustande brachte. Ein Höhepunkt des Kongresses war eine Aufführung von Goethes Iphigenie in Esperanto. Mir war es eine bewegende und erhebende Erfahrung, dieses Drama, durchdrungen vom Geist der Menschlichkeit, in einem neuen Medium ausgedrückt zu hören, das es Tausenden Zuschauern aus vielen Ländern verständlich machte, so daß sie sich geistig zusammengehörig fühlen konnten. .... Uns war diese Sprache nicht bloß ein System von Regeln, sondern einfach eine lebende Sprache. Nach solchen Erfahrungen kann man die Argumente derjenigen nicht sonderlich ernst nehmen, die behaupten, eine internationale Hilfssprache

könne ja für Geschäftsangelegenheiten und vielleicht noch für die Naturwissenschaften taugen, sei aber kein geeignetes Kommunikationsmittel für Persönliches, für Diskussionen in den Sozial- und Geisteswissenschaften, ganz zu schweigen von Romanen oder Dramen. Ich stellte fest, daß die meisten, die so etwas behaupteten, keinerlei praktische Erfahrung mit dieser Sprache hatten."[52]

Der Ergebnis-Bericht des Genfer Ökonomen F. Grin von 2005 befaßt sich mit der Wirtschaftlichkeit sprachlicher Kommunikation, in dem er die Sprachenpolitik der Europäischen Union analysiert. Er stellt die Frage: „Was wäre bezüglich der Arbeitssprachen in der Europäischen Union die optimale Wahl?" und untersucht drei mögliche Szenarien:

1. Englisch als einzige Sprache;

2. Mehrsprachigkeit;

3. Esperanto als interne Arbeitssprache der EU-Organe.

Die dritte Möglichkeit erscheint ihm als die Lösung, die am kostengünstigsten ist und Gleichberechtigung am ehesten verwirklicht, aber er hält sie aufgrund der starken Vorurteile gegenüber Esperanto zur Zeit für nicht realisierbar, schließt sie aber für die Perspektive nicht aus. Esperanto so eingesetzt, könnte die EU jährlich viele Milliarden Euro für Übersetzen und Dolmetschen sparen lassen. Nach Grins Ansicht könnte Esperanto in einer mehrsprachigen Welt eine Hilfe sein, aber kein Ersatz für die anderen Sprachen (was auch nicht beabsichtigt ist).[53]

---

[52] Carnap, R.: Mein Weg in die Philosophie. Stuttgart 1993, 107-108.

[53] Vgl. Internet: „Bericht F. Grin" 2018.

Esperanto könnte perspektivisch zunächst als Verständigungsmittel im Tourismus verwendet werden, dann schrittweise in internationalen Organisationen. Esperanto wäre in der EU außer als interne Arbeitssprache zunächst als zusätzliche Vertragssprache denkbar, damit man sich überhaupt erst einmal mit dieser Form der Verständigung vertraut macht. Umgekehrt wäre Esperanto dadurch gezwungen, sich auf die umfangreiche in der EU verwendete Fachterminologie einzustellen. Ebenfalls könnte man Esperanto, wie bei den erfolgreichen Computerübersetzungsversuchen von DLT des niederländischen Softwarehauses BSO (1984-1990), als Mittler- oder Basissprache einsetzen. Der jeweilige EU-Dolmetscher müßte außer seiner Muttersprache nur Esperanto beherrschen und jeweils die Beiträge, die in seiner Muttersprache gehalten werden, ins Esperanto übersetzen. Die anderen Dolmetscher müßten wiederum alle Redebeiträge aus dem Esperanto in ihre jeweiligen Muttersprachen übertragen. Man spricht dann von einer Relaissprache. In diesem Sinne funktioniert bereits heute das Englische häufig in der EU.

Schon bei der Herausgabe seiner ersten Schrift hatte Zamenhof Schwierigkeiten mit der russischen Zensur. Man befürchtete eine neue Bewegung, die sich mit den Verfechtern einer religiös fundierten Umgestaltung der russischen Gesellschaft, den Tolstojanern, zu verbünden schien oder gar ein Bündnis mit echten Revolutionären eingehen könne. Die alldeutsche Presse witterte vor dem Ersten Weltkrieg in der Esperanto-Kommunikationsgemeinschaft in Deutschland das Wirken deutschfeindlicher, internationalistischer Kräfte. Man fürchtete Verbindungen zu sozialistischen und pazifistischen Gruppierungen. Frühen Fuß faßte Esperanto in Frankreich, aber ebenfalls in der Donaumonarchie, in

Schweden, in China, Japan und Brasilien. Im Sommer 1905 bestand Esperanto seinen Praxistest beim ersten Esperanto-Weltkongreß in Boulogne-sur-Mer an der französischen Kanalküste. In jener Zeit wurden innerhalb der Esperanto-Sprechergemeinschaft Bedenken laut, daß eine Bindung der Sprache an philosophische, ideologische oder religiöse Anschauungen für eine Akzeptanz des Esperanto hinderlich sein könnte. So kam es auf diesem Kongreß zu einer Erklärung über die Neutralität von Esperanto:

„Der Esperantismus ist das Bemühen, in der ganzen Welt den Gebrauch einer menschlich neutralen Sprache zu verbreiten, die, ohne sich in die inneren Angelegenheiten der Völker einzumischen und ohne im geringsten die Absicht zu verfolgen, die bestehenden Nationalsprachen abzuschaffen, den Menschen verschiedener Nationen die Möglichkeit gäbe, sich zu verstehen; die als Vermittlungssprache dienen könnte innerhalb der Institutionen der Länder, in denen verschiedene Nationen in sprachlichem Konflikt leben und in der die Werke veröffentlicht werden könnten, die für alle Völker von gleicher Bedeutung sind. Jede andere Idee oder Bestrebung, die dieser oder jener Esperantist mit dem Esperantismus verbindet, ist seine rein private Angelegenheit, für die der Esperantismus nicht verantwortlich ist."[54]

Man wandte sich damit nicht nur gegen die Festlegung auf irgendeine Ideologie bzw. Philosophie, sondern auch gegen eine Festlegung auf Zamenhofs universale Reli-

---

[54] Janton, P.: Einführung in die Esperantologie. Hildesheim, Zürich, New York 1993²: Deklaracio pri la esenco de la Esperantismo, 29.

gion, da man der Meinung war, daß eine Weltsprache sich nur durchsetzen werde, wenn sie Menschen mit unterschiedlichen religiösen, politischen und philosophischen Auffassungen für sich gewinnt. Des weiteren verzichtete Zamenhof auf alle persönlichen Rechte an der Sprache Esperanto und vermied damit die Fehler Schleyers hinsichtlich seines Volapük.[55] Diese Deklaration wurde 1906 in Genf durch eine weitere Resolution und eine Rede Zamenhofs modifiziert. Danach sollte diese Neutralität keine Aufforderung sein, Konfliktthemen auszuklammern, sondern eine Ermutigung, alles zu diskutieren, was zur Annäherung der Völker beiträgt. In seiner Genfer Ansprache im Jahre 1906 legte Zamenhof dar, was seitdem die „interna ideo", die dem Esperanto innewohnende Idee,[56] genannt wird, d.h. die friedensstiftenden, menschenverbrüdernden Ziele des Esperantismus:

> „Die Devise des esperantistischen Ideals, die bis jetzt nie genau formuliert, aber immer klar empfunden wurde, ist diese: Wir wünschen, ein neutrales Fundament zu errichten, auf dem die verschiedenen Völker der Menschheit in Frieden

---

[55] Vgl. Lins, U.: Die ersten hundert Jahre des Esperanto. In: Zwischen Utopie und Wirklichkeit. Konstruierte Sprachen für die globalisierte Welt. Bayerische Staatsbibliothek. München 2012, 90.

[56] Blanke, D.: Pri la „interna ideo" de Esperanto. In: Sociopolitikaj aspektoj de la Esperanto-movado. Budapest, Hungara Esperanto-Asocio. 1986, 182-208; vgl. auch Lins, U.: Die ersten hundert Jahre des Esperanto. In: Zwischen Utopie und Wirklichkeit. Konstruierte Sprachen für die globalisierte Welt. Bayerische Staatsbibliothek. München 2012; Fiedler, S.: Plansprache und Phraseologie. Frankfurt a.M. u.a. 1999.

und Brüderlichkeit miteinander verkehren können, ohne daß die einen den anderen ihre nationalen Eigenarten aufdrängen. Dies ist meiner Meinung nach die Devise der grünen Standarte[57]..., die uns jedes Jahr aus allen Teilen der Welt im Namen des schönsten Traumes der Menschheit zusammenruft... Nach und nach wird ‚Esperantujo'[58] der Erziehungsort der künftigen brüderlichen Menschheit, und darin liegen die Hauptverdienste unserer Kongresse."[59]

Etwa ab 1905 schlossen sich Esperanto Menschen an, die die Sprache als Hilfsmittel für ihren politischen Kampf sahen: Pazifisten, Sozialisten, Anarchisten. Sie versuchten, Esperanto in den Dienst von Ideologien zu stellen. Dennoch wurde in jenen Jahren Esperanto überwiegend von Menschen erlernt, die man als unpolitisch bezeichnen konnte. Erst nach dem Ersten Weltkrieg begann eine politische Differenzierung der Esperanto-Kommunikationsgemeinschaft, besonders durch die

---

[57] Die Esperantofahne wurde am Vorabend des ersten Esperanto-Weltkongresses 1905 von Boulogne-sur-mer von der dortigen Esperanto-Gruppe entworfen. Sie ist grün und trägt in der oberen linken Ecke einen grünen Stern in einem weißen Quadrat.

[58] Zamenhof bezeichnet mit Esperantujo („Esperantoland") die Gesamtheit der Esperantisten. Dieses Esperantoland verwirklicht sich faktisch überall dort, wo sich für eine gewisse Zeit Gruppen von Esperantisten zusammenfinden.

[59] Rede von Genf 1906: Zamenhof: Paroladoj kaj Poemoj. Rio de Janeiro, 1963, 29-30; zitiert nach Janton, P.: Einführung in die Esperantologie. Hildesheim, Zürich, New York 1993², 33. Die Originaltexte in Esperanto der Reden Zamenhof auf den ersten Weltkongressen finden sich im Internet: Vikifontaro 2018.

Arbeiter-Esperanto-Vereine. Innerhalb der linksorientierten Esperantisten fand wiederum eine Spaltung zwischen kommunistischen und sozialdemokratischen Esperanto-Anhängern statt.

Zur sogenannten Ido-Krise kam es 1907/08. Zamenhof hatte eingewilligt, seine Sprache von einem aus zwölf Linguisten und Wissenschaftlern bestehenden Ausschuß prüfen zu lassen. Vertreter Zamenhofs war Louis de Beaufront, der unerwartet ein Reform-Esperanto, Ido (= Abkömmling, Nachfolger) genannt, vorlegte. „Ido" verstand sich als ein reformiertes Esperanto in der Tradition von Zamenhofs Reformvorschlägen von 1894, die von den Esperantisten jedoch damals abgelehnt worden waren. Eine Reihe führender Esperantisten lief zum Ido[60] über. Die Masse der Anhänger blieb Esperanto jedoch treu. Die Unterschiede zwischen Esperanto und Ido liegen bei etwa 15%, so daß sich Esperantisten und Idisten gegenseitig durchaus verständigen können. Das Problem für Ido bestand darin, daß seine führenden Köpfe nicht erkannt hatten, welche Bedeutung die Sicherung der Stabilität für die Entwicklung einer Plansprache besitzt. Die Meinung, daß Ido ständig zu verbessern sei, brachte Ido nicht weiter, sondern bedingte das Gegenteil. Dennoch hat Esperanto von Ido profitiert. So traten vor allem in der Literatursprache manche Ido-Wörter an die Stelle von sich in der Praxis als ungünstig zeigenden Esperanto-Konstruktionen. So finden sich beispielsweise, neben Komposita mit mal-, romanische Stämme: malofta (selten) – rara oder malfrua (spät) – tarda u.a. Auch einige Präfixe wie eks-, mis-, retro- und Suffixe wie -end-, -iz-, -oz-, -if- wurden von der Akademie des Esperanto

---

[60] Auch heute existiert Ido noch, hat aber nur noch eine relativ kleine Schar von Anhängern.

gebilligt bzw. werden als „inoffizielle" Affixe verwendet.[61]

Vor allem nach 1908, als die Krise durch das Reformprojekt Ido überwunden war, bemühten sich die Esperantisten verstärkt um das Wohlwollen offizieller Stellen. Der IV. Esperanto-Weltkongresses 1908 wurde nach Dresden vergeben, wo er unter Teilnahme von 1500 Personen aus 41 Ländern stattfand. Schirmherr war König Friedrich August von Sachsen. Vertreter der sächsischen Regierung nahmen am Kongreß teil und waren von der mühelosen Kommunikation von Mensch zu Mensch ebenso beeindruckt wie der Großteil der vertretenen Presse. Auch in Esperanto ausgebildete Polizisten bewährten sich in Dresden bei Auskünften an Ausländer. Höhepunkt des Kongresses bildete eine Theateraufführung von Goethes „Iphigenie" im Opernhaus, persönlich übersetzt ins Esperanto von Dr. Zamenhof.[62]

Für den 10. Esperanto-Weltkongreß 1914 in Paris, der durch den Beginn des Ersten Weltkrieges ausfallen mußte, hatten sich 3.739 Esperantisten aus aller Welt angemeldet. Zamenhof, der mit seiner Frau auf dem Wege nach Paris war, wurde in Köln vom Kriegsbeginn überrascht. Da die russischen Grenzen geschlossen wurden, gelang es ihm nur mit Mühe, über Skandinavien und St. Petersburg nach Warschau zurückzukehren. In seinen letzten Lebensjahren, die durch eine Herzkrankheit beeinträchtigt wurden, intensivierte Zamenhof seine

---

[61] Vgl. ausführlich zu Ido bei Blanke, D.: Internationale Plansprachen. Eine Einführung. Berlin 1985.

[62] Zu den Werken der Weltliteratur, die Zamenhof selbst ins Esperanto übertrug, gehören u.a. auch „Hamlet" von Shakespeare, „Der Revisor" von Gogol, „Die Räuber" von Schiller, 3 Bände „Andersen Märchen", die „Bibel".

Arbeit an seiner Esperanto-Bibelübersetzung. 1916 mußte er aus gesundheitlichen Gründen seine Augenarztpraxis aufgeben. Als Zamenhof mit 57 Jahren am 14. April 1917 starb, begleitete eine große Menschenmenge den Trauerzug zum jüdischen Friedhof, darunter neben Esperantisten auch viele seiner armen Patienten, die er oft kostenlos behandelt hatte.

Auf Initiative des Franzosen Lanti bildeten 1921 linksgerichtete Esperantisten eine proletarische Esperanto-Weltorganisation, die „Sennacieca Asocio Tutmonda" (SAT = Nationenunabhängiger / Anationaler Weltbund) und spalteten dadurch die Esperanto-Bewegung. Lanti vertrat die Meinung, daß Nationen und Staaten mit ihren Sprachen an den interethnischen und internationalen Zwistigkeiten die Hauptschuld trügen. Er strebte einen Weltstaat mit einer einzigen Sprache an, und zwar Esperanto. SAT existiert bis heute, hat seinen Sitz in Paris und veranstaltet ebenfalls jährlich internationale Kongresse. SAT gibt das Monatsmagazin „Sennaciulo", die jährlich erscheinende Kulturzeitschrift „Sennacieca Revuo" und verschiedene Bücher heraus, von denen das bekannteste das große einsprachige Wörterbuch „Plena Ilustrita Vortaro de Esperanto (PIV)" ist.[63]

Schlimm wurde es, als man Esperanto als Verrat an der Muttersprache und „jüdisches Machwerk" sah, wie es in der Nazizeit geschah, und dies zur Verfolgung der An-

---

[63] Die Sennacieca Asocio Tutmonda (SAT) ist ein linker Esperanto-Verband. Er vereint linke Esperanto-Sprecher unterschiedlicher politisch-ideologischer Herkunft, zum Beispiel Sozialdemokraten, Freidenker und Kommunisten. Die SAT hat ausschließlich Einzelmitglieder, sie arbeitet aber mit den meist auf nationaler Ebene organisierten Arbeiter-Esperantoverbänden zusammen.

hänger von Esperanto führte. Schon in seinem „Mein Kampf" hatte Hitler geschrieben: „Solange der Jude nicht der Herr der anderen Völker geworden ist, muß er wohl oder übel deren Sprache sprechen, sobald diese jedoch seine Knechte wären, hätten sie alle eine Universalsprache (z.B. Esperanto!) zu lernen, so daß auch durch dieses Mittel das Judentum sie leichter beherrschen könnte!"[64] Ebenfalls in allen von Deutschland im 2. Weltkrieg besetzten Staaten – und dies war fast ganz Europa und Teile Nordafrikas – wurde Esperanto untersagt. In Ländern, die mit Hitler sympathisierten, wie Portugal und Japan, und den von ihm im 2. Weltkrieg besetzten asiatischen Gebieten war es gleichfalls unerwünscht. In Spanien wurden die Esperantisten – besonders in Katalonien – von Franco blutig verfolgt. Im faschistischen Italien wurde Esperanto länger toleriert, so konnte in Rom noch 1935 ein Esperanto-Weltkongreß stattfinden. Jedoch ab 1939 häuften sich auch dort Angriffe gegen das „jüdische Esperanto"; 1941 verstummten die Esperanto-Sendungen von Radio Rom. Ebenfalls in Rumänien war es unerwünscht.

Sehr undurchsichtig und wenig erforscht ist das Auf und Ab der Esperanto-Bewegung in der Sowjetunion bis zu ihrem gewaltsamen Ende der dreißiger Jahre.[65] Unter

---

[64] Hitler: Mein Kampf; zitiert nach Lins, U.: Die gefährliche Sprache. Die Verfolgung von Esperanto unter Hitler und Stalin. Gerlingen 1988, 92.

[65] Was darüber bekannt ist, schildert Lins, U.: Die gefährliche Sprache. Die Verfolgung der Esperantisten unter Hitler und Stalin. Gerlingen/Stuttgart 1988, 134 ff.; siehe auch: Lins, U.: Die ersten hundert Jahre des Esperanto. In: Zwischen Utopie und Wirklichkeit. Konstruierte Sprachen für die globalisierte Welt. Bayerische Staatsbibliothek. München

→

Stalin wurden die Esperanto-Anhänger pauschal der Spionage verdächtigt und zu Tausenden umgebracht. So wurde Esperanto in fast ganz Europa und großen Teilen Asiens nicht nur grausam verfolgt, sondern Tausende von Esperantisten verloren ihr Leben. Das nach dem 2. Weltkrieg in Osteuropa und in der Sowjetischen Besatzungszone Deutschlands erneut schüchtern beginnende Esperanto-Leben wurde bald durch den Stalinismus unmöglich. 1949 erfolgte in der Sowjetischen Besatzungszone Deutschlands das Verbot von Esperanto. Das SED-Parteiblatt „Neues Deutschland" schrieb, die Hoffnung auf Völkerverbrüderung durch Esperanto halte viele Menschen davon ab, die wahren Ursachen von Kriegen, Krisen und politischen Konflikten zu erkennen; die Teilung der Welt sei jedoch nicht durch eine Weltsprache zu beseitigen, sondern nur durch den Klassenkampf und den Endsieg der Arbeiterklasse.[66] So wurde Esperanto sowohl von linken als auch rechten Kräften viel Schaden zugefügt.

In den Jahren des Kalten Krieges dauerte es lange, bis in den osteuropäischen Staaten und in der DDR erneut Esperanto-Verbände gegründet werden durften. Anders war es in Jugoslawien, wo bereits 1953 in Zagreb ein Esperanto-Weltkongreß stattfand (der jugoslawische Staatspräsident J. B. Tito sprach selbst Esperanto). 1959 folgte Warschau. Erst 1961 wurde Esperanto in der DDR zugelassen. Esperanto-Gruppen waren nur innerhalb des Kulturbundes der DDR möglich und wurden vom DDR-Staatssicherheitsdienst überwacht. In allen größeren

---

2012, 85-121; Lins, U.: La danĝera lingvo. Rotterdam 2016.

[66] Vgl. Lins, U.: Die gefährliche Sprache. Die Verfolgung von Esperanto unter Hitler und Stalin. Gerlingen 1988, 234-235.

Gruppen und in Leitungsgremien saßen sogenannte IM (Inoffizielle Mitarbeiter der Stasi). In den Köpfen vieler DDR-Funktionäre hielt sich zudem die negative Einschätzung von Esperanto und damit ein Mißtrauen gegenüber dieser Sprache und all ihren Anhängern. Esperanto-Briefpost wurde nicht nur von den Sicherheitsorganen kontrolliert, sondern bewußt um Wochen verzögert zugestellt, auch wurde der weltweite Briefverkehr vieler Esperantisten unterbrochen. Zudem existierten in der DDR durch Valutamangel, Einfuhr- und Reisebeschränkungen sowieso enge Grenzen für internationale Kontakte. Ihre Briefpartner aus „westlichen Staaten" konnten DDR-Esperantisten bestenfalls in Ungarn, Bulgarien oder über Berlin-West in Ostberlin persönlich kennenlernen; aber selbst dabei wurde – wie Stasiakten zeigen – registriert, wer sich mit wem traf. Große Teile der nie angekommenen Esperanto-Post fanden sich nach der Wende in Stasi-Akten, soweit nicht die gesamten Stasi-Unterlagen zuvor von der Stasi vernichtet werden konnten, wie dies z.B. für die Universität Halle geschah.

Einige der damaligen sozialistischen Staaten, wie Polen, Ungarn, Bulgarien, aber gleichfalls die Tschechoslowakei, sahen Esperanto als Gegengewicht gegen das stetig mächtiger werdende Englisch (an Russisch war man ebenfalls nicht interessiert, aber vermied dies offen zu äußern) und tolerierten es in gewissem Umfang. So konnten Esperanto-Weltkongresse in Warschau, Sofia, Budapest und Warna/Bulgarien stattfinden. In Ungarn bestand über viele Jahre an der Universität Budapest ein Esperanto-Studiengang. Auch in der DDR durften schließlich Esperanto-Unterricht und Interlinguistikvorlesungen an den Universitäten angeboten werden. Diese für Esperanto günstige Entwicklung lief ohne

Rumänien, Albanien und die Sowjetunion. In China, Vietnam (Nordvietnam) und Kuba konnten sich hingegen Esperanto-Verbände bilden. In der Sowjetunion gab es ab 1965/66 einen halblegalen Zusammenschluß bestehender Esperanto-Gruppen. 1979 konnte sich ein Verband sowjetischer Esperantisten konstituieren, aber erst mit Michail Gorbatschow wurde die Esperanto-Arbeit in der Sowjetunion freier.

Eine kritische Aufarbeitung der Esperanto-Bewegung in den ehemaligen sozialistischen Ländern steckt – trotz erster Publikationen – noch in den Anfängen, so daß es schwierig ist einzuschätzen, wie weit sie mit den jeweiligen Diktaturen zusammengearbeitet hat, um Esperanto und seine Anhänger zu schützen bzw. wie weit sie selbst linke Positionen bezogen hat.[67] Es handelte sich offenbar um ein ambivalentes Verhältnis zum Staat, d.h. teils Förderung, teils Behinderung. Hinzu kam besonders für junge Menschen der Faktor – der in entsprechenden Untersuchungen selten erwähnt wird –, daß mittels Esperanto die Möglichkeit bestand, zu Bürgern westlicher Staaten Kontakt aufzunehmen, um sich dann eventuell in Ungarn, Bulgarien oder in Ostberlin zu treffen. Manche der bei solchen Esperanto-Kontakten entstandenen Esperanto-Freundschaften halten bis heute. Mit dem Fall der Mauer entfiel dieser Anreiz für Esperanto; ein Teil der jungen Leute zog sich von Esperanto zurück, um allerdings oft in späteren Jahren – nachdem ihre Kinder groß waren – wieder zu Esperanto zurückzufinden. Sehr

---

[67] Vgl. Blanke, D.: Esperanto kaj Socialismo? Mondial, Nov-Jorko. 2007[2]; Bendias, T.: Die Esperanto-Jugend in der DDR. LIT 2011; Sikosek, Marcus: Die neutrale Sprache. Eine politische Geschichte des Esperanto-Weltbundes. Bydgoszcz: Skonpres, 2006.

kraß war dies in Rußland, wo nach Auflösung der Sowjetunion große Teile des Esperanto-Briefwechsels nach Deutschland und anderen Ländern abbrachen. Da man zum Studium der in Archiven liegenden in Esperanto verfaßten Unterlagen Sprachkenntnisse benötigt, sind es im überwiegend Esperantisten, die diese Materialien sichten, die aber als Insider nicht immer die notwendige kritische Distanz haben.

Im Westen Europas und Deutschlands wurde nach Kriegsende Esperanto zwar nicht behindert, aber aus politischer Sicht Englisch bzw. Französisch als Weltsprache propagiert und damit Esperanto ins Abseits gedrängt. In den drei Westzonen Deutschlands wurde der Deutsche Esperanto-Bund 1947 wiedergegründet. Er führte sowohl die Tradition der bürgerlichen als auch der Arbeiter-Esperantisten fort. Als er sich 1955 dem neutralen Esperanto-Weltbund UEA anschloß, gründeten die ehemaligen Arbeiter-Esperantisten einen eigenen Verband. – Bereits früher war es zu solchen Spaltungen gekommen. So hatte in den späten 20er Jahren des vorigen Jahrhunderts im damaligen Deutschen Arbeiter-Esperanto-Bund die sowjetkommunistische Richtung die Oberhand gewonnen. Auf dem VIII. Bundestag im April 1930 in Essen kam es zur Spaltung des Deutschen Arbeiter-Esperanto-Bundes (AEB) (LEA/Laborista Esperanto-Asocio). Die sozialdemokratischen Mitglieder gründeten als Gegenmaßnahme einen Sozialistischen Esperanto-Bund (SEA = Socialista Esperanto Asocio). Letzterer arbeitete mit der linken Esperanto-Weltorganisation SAT in Paris zusammen, die sich 1921 von der neutralen Welt-Esperanto-Organisation UEA getrennt hatte. Da es der Vereinigung sowjetischer Esperantisten (SEU) nicht gelang, SAT auf eine an der kommunistischen Komintern orientierten Politik festzulegen, formierte sie zusammen mit deutschen kommunistisch orientierten Arbeiter-Esperantisten eine Opposition innerhalb von SAT. Letztere gründete 1932 in Berlin die „Internationale Proletarischer Esperantisten" (Internacio de Proleta Esperantistaro/IPE). Damit wurde eine Spaltung von SAT, die selbst aus einer solchen entstanden war, herbeigeführt. Sozialdemokratisch orientierte Arbeiter-Esperantisten bildeten als Gegenmaßnahme in Wien 1933 die „Internationale Sozialistischer Esperantisten" (Internacio de Socialistaj Esperantistoj/ISE). Der Einfluß der kommunistisch orientierten IPE ging, nachdem ab 1937/38 die sowjetischen Esperantisten durch die Stalinschen Verfolgungen ausfielen, stark zurück.

1936 erfolgte eine Spaltung der neutralen internationalen Esperanto-Bewegung in zwei konkurrierende Verbände. Besonders Ivo Lapenna (nach dem Krieg viele Jahre Präsident des Esperanto-Weltbundes) wandte sich gegen die neutralitätsbetonte Duldung von Angriffen selbst auf Esperanto und rief zum Widerstand gegen den Faschismus auf, d.h. er rückte von der übertriebenen Neutralität ab und wirkte mehr im Sinne einer moderaten Neutralität. Aber es ist nicht Aufgabe eines Essays die komplizierte Geschichte des Esperanto-Weltbundes UEA darzustellen; ich muß deshalb auf Untersuchungen von Sikosek, Forster, Lins u.a. (vgl. Literaturverzeichnis) verweisen. Nach Sikosek haben politisch-ideologische Ursachen eine geringere Rolle gespielt, als bisher angenommen. Stärker war eine Unzufriedenheit mit der Organisationsarbeit und dem Leitungspersonal, welches 1934 auf dem Esperanto-Weltkongreß in Stockholm zur überraschenden Abwahl des alten Vorstandes bzw. 1974 auf dem Kongreß in Hamburg zum Rücktritt von Lapenna führte. Insgesamt durchziehen zwei große Komplexe diese Jahre bis 1989: unterschiedliche Auffassungen von Weltverband und nationalen Verbänden einerseits und dem Eintreten für Zamenhofs Homaranismus bzw. Beharren auf strikter Neutralität andererseits. Dabei vertrat die UEA mehr den idealistischen Flügel und die nationalen Verbände eher den pragmatischen. Mit der Machtergreifung von totalitären Regimen in Europa stellte sich zudem die Frage, wie mit Landesverbänden umzugehen sei, die dem Neutralitätsgebot nicht folgen konnten oder wollten. Hinzu kam, daß in Jahren, in denen in Europa die Lage immer angespannter wurde, Esperanto fern von der Wirklichkeit mit den Querelen seiner großen Verbände befaßt war.[68] Trotz solcher und anderer innerer und äußerer Schwierigkeiten kam Esperanto wieder auf die Beine, und die Sprecherzahl nahm nach dem 2. Weltkrieg erneut zu. So besuchten den Jubiläumsweltkongreß 1987 in Warschau zum 100-jährigen Bestehen von Esperanto 5.946 Teilnehmer aus aller Welt.

Das Buch des Historikers U. Lins „Die gefährliche Sprache" zeigt das Schicksal der Esperanto-Bewegung im Kräftefeld der Ideologien und Machtinteressen. Eine solche internationale Sprachgemeinschaft paßte nicht in die Welt des Nationalismus.[69] Anders als damals bekundet heute die Mehrheit der Regierungen zumindest nach außen ihr Wohlwollen für Beiträge zur internationalen

---

[68] Sikosek, Marcus: Die neutrale Sprache. Eine politische Geschichte des Esperanto-Weltbundes. Bydgoszcz: Skonpres, 2006; Wald, M. C. Review of Sikosek, Marcus: Die neutrale Sprache. Eine politische Geschichte des Esperanto-Weltbundes. H-Soz-u-Kult. H-Net Reviews. October 2007.

[69] Vgl. Lins, U.: Die gefährliche Sprache. Die Verfolgung von Esperanto unter Hitler und Stalin. Gerlingen 1988; Lins, U.: La danĝera lingvo. Rotterdam 2016; Lins, U.: Warum wurde Esperanto verfolgt? Esperanto aktuell 2017/4, 23-24.

Verständigung. Dennoch engagiert sich keine für Esperanto außer China, Vietnam und Kuba, wo Fidel Castro 1990 und 2010 den Esperanto-Welt-Kongreß in Havanna eröffnete. Letztere Länder versuchen, Esperanto zu benutzen, um ihre politischen Ziele zu propagieren. Castro sagte 1990 während eines festlichen Empfangs für 150 geladene Gäste aus der Esperantobewegung im Palast der Revolution (wie weit solche kriegerischen Worte für Esperanto förderlich sind, sei dahingestellt: man kann zudem nicht Fidel Castro für seine Unterstützung von Esperanto freundschaftlich die Hand schütteln und dabei seine Menschenrechtsverletzungen übersehen):

> „Ich halte mich für einen Esperanto-Soldaten. Es ist nicht wichtig, daß ihr nicht viele seid, eure Idee wird siegen. Sie wird siegen, da sie gerecht ist. Jede Nation hat ihre Sprache, die Menschheit die ihrige – Esperanto. ... Selbst das Christentum begann im Anfang mit einer noch kleineren Gruppe Menschen. Aber sie siegten; zwar hat man diese Christen gekreuzigt, man warf sie den Löwen zum Fraß vor. Aber sie haben gesiegt. Auch ihr werdet siegen."[70]

Im nach dem 1. Weltkrieg neu gegründeten Völkerbund brachte die französische Delegation in den Jahren 1920-1923 zwei Anträge für die Einführung von Esperanto in den Schulunterricht zu Fall, da man die Weltstellung des Französischen bedroht sah.[71] 1920/21

---

[70] Vgl. zu dieser Rede: Wikipedia: Esperanto-Weltkongreß Havanna. Rede Fidel Castro (2018).

[71] Vgl. dazu ausführlich bei Lins, U.: Die gefährliche Sprache. Die Verfolgung der Esperantisten unter Hitler und Stalin. Gerlingen/Stuttgart 1988, 53 ff.; aber auch: Lins, U.: Die
→

befaßte sich die Kommunistische Internationale mit Esperanto. Eine Kommission wurde gebildet, die über die Einführung von Esperanto in der Komintern beraten sollte. Das Exekutivkomitee zeigte jedoch kein Interesse; offenbar betrachtete man das Russische als zukünftige Weltsprache.

Eine Petition, in der man sich an die Vereinten Nation 1950 mit der Bitte wandte, sich für den Esperanto-Unterricht an Schulen einzusetzen sowie für den Gebrauch von Esperanto in Touristik und Handel, unterschrieben in 76 Ländern 492 Organisationen mit insgesamt fast 15,5 Millionen Mitgliedern und nahezu 900.000 Einzelpersonen. 1954 berichtete die UNESCO über die Reaktion von 45 Staaten auf diese Petition. 19 Mitgliedsstaaten sprachen sich dagegen aus, darunter besonders die USA und Deutschland. 10 Länder reagierten positiv, unter ihnen Österreich, welches sich bereiterklärte, Esperanto unter bestimmten Voraussetzungen an Schulen einzuführen. 1954 verabschiedete die UNESCO auf ihrer Generalversammlung in Montevideo eine Resolution, in der die durch Esperanto erzielten Erfolge gewürdigt und die Pläne zur Einführung an den Schulen zur Kenntnis genommen wurden. Ein weiterer Vorstoß im Jahre 1966 bei der UN zur „Lösung des Sprachenproblems", den noch mehr Organisationen und Personen als 1950 unterschrieben hatten, scheiterte. Diesmal bearbeitete das UN-Sekretariat den Antrag erst gar nicht mit der Begründung, daß „jeglicher Vorschlag zum Studium der Möglichkeit,

---

ersten hundert Jahre des Esperanto. In: Zwischen Utopie und Wirklichkeit. Konstruierte Sprachen für die globalisierte Welt. Bayerische Staatsbibliothek. München 2012, 85-121 und Lins, U.: La danĝera lingvo. Rotterdam 2016.

Esperanto als internationale Sprache zu verwenden, von einer Mitgliedsregierung kommen muß".

Es zeigte sich zudem, daß ebenfalls auf nationaler Ebene wenig Unterstützung zu erwarten war. In den Niederlanden fungierte zwar Königin Juliana 1964 als Schirmherrin des Esperanto-Weltkongresses in Den Haag und das Parlament hatte zuvor ein Gesetz verabschiedet, mit dem fakultativer Esperanto-Unterricht an Schulen möglich wurde. Aus Mangel an geeigneten Lehrern und fehlendem Interesse der Eltern wurde nicht viel daraus, analog ein Esperanto-Fernsehkurs, für den sich nicht genügend Interessenten fanden. – Anfang der sechziger Jahre begann das Unterrichtsministerium von Österreich, probeweise Esperanto-Unterricht an Haupt- und höheren Schulen einzuführen, scheiterte aber an der Ablehnung der Elternvertreter. Wie diese Beispiele zeigen, kann Esperanto nicht nur an Machtinteressen von Regierungen, sondern ebenfalls am Unverständnis bzw. an konservativen Grundhaltungen der Bevölkerung scheitern.[72]

Die Generalversammlung der UNESCO 1985 in Sofia forderte ihre Mitglieder auf, das 100-jährige Jubiläum von Esperanto zu würdigen und die Einführung von Studienprogrammen zum Sprachenproblem und zu Esperanto in den Schulen und Hochschuleinrichtungen zu unterstützen. Gleichfalls erinnerte die UNESCO im Jahre 2017 an den 100-jährigen Todestag von Zamenhof mit einem Gedenkjahr. Solche positiven Signale blieben jedoch von begrenzter Wirkung, da sie von den Nationalstaaten ignoriert und von breiten Bevölkerungskreisen

---

[72] Vgl. Lins, U.: Die ersten hundert Jahre des Esperanto. In: Zwischen Utopie und Wirklichkeit. Konstruierte Sprachen für die globalisierte Welt. Bayerische Staatsbibliothek. München 2012, 113/114.

nicht zur Kenntnis genommen wurden. So wurden zwar in einigen Ländern Briefmarken zur Esperanto-Thematik herausgegeben, auch Straßen bzw. Plätze nach Esperanto bzw. Zamenhof benannt, aber Wesentliches zur Verbreitung der Sprache geschah nicht. Zudem kamen viele der Würdigungen nur auf Grund unermüdlicher Bemühungen von Esperantisten zustande; so wurden Straßenbenennungen nach Esperanto oder Zamenhof vor ihrer Verwirklichung oft wiederholt abgelehnt. Das Positivste war die stärkere Medienpräsenz von Esperanto; man sprach wieder über Esperanto (egal ob positiv oder negativ!).

Nach dem Zusammenbruch des Kommunismus und dem Fall der Mauer 1989 in Deutschland bestimmt in der Weltpolitik faktisch allein eine Führungsmacht, die USA. Mit den USA wurde Englisch zu *der* internationalen Sprache. Durch diese Dominanz des Englischen wurde es für Esperanto schwieriger, neue, vor allem junge Interessenten für Esperanto zu gewinnen. Der Anziehungskraft des Englischen haben Plansprachen, da sie keinerlei Lobby besitzen außer dem Idealismus ihrer Anhänger, wenig entgegenzusetzen. Soziolinguistische Untersuchungen zeigen, daß Esperanto vor allem im Jugendalter oder im sogenannten „dritten Alter", d.h. nach Beendigung der Berufstätigkeit, erlernt wird. In dem Teil der Esperanto-Sprechergemeinschaft, der in Vereinsstrukturen organisiert ist, findet sich häufig eine Überrepräsentation älterer Sprecher. Die jüngeren Esperanto-Sprecher bevorzugen die freieren Formen des Internets. Im virtuellen Raum allein wird Esperanto aber nicht auf Dauer überleben können. Esperanto braucht eine leistungsfähige Organisation mit Treffen, Kongressen, Reisen, internationalen Kontakten. Die neuen Medien haben das Kommunikationsverhalten der jungen Leute zwar verändert, was aber nicht heißt, daß das Interesse für Esperanto geringer geworden ist. Die hohen Teilnehmerzahlen an Sprachkursen im Internet zeigen dies, obwohl unbekannt bleibt, wie viele die Kurse abschließen und Esperanto danach nutzen.[73] – Nach dem Mauerfall vereinigten sich auf dem 64. Deutschen Esperanto-Kongreß in München 1991 der Deutsche Esperanto-Bund (GEA) und der Esperanto-Bund der ehemaligen DDR (GDREA). – Der Deutsche Esperanto-Bund und die Esperanto-Verbände in Berlin und Brandenburg richteten 1999 den 84. Esperanto-Weltkongreß in Berlin aus, an dem 2.712 Esperanto-Sprecher teilnahmen.

Eine Unterscheidung bzw. Gegenüberstellung von „natürlichen" und „künstlichen" Sprachen ist problematisch, da „natürliche Sprachen" fast immer einen mehr oder weniger großen Anteil künstlicher Elemente enthalten bzw. „künstliche Sprachen" im Laufe ihrer Entwicklung zu „natürlichen Sprachen" werden.[74] Von Interesse sind bewußte Veränderungen ganzer Sprachen durch den Menschen – also die menschliche sprachplanerische Tätigkeit –, wobei sich zwangsläufig die Frage ergibt, wo die Grenzen zu Plansprachen liegen? Bleibt der sprachplanende Einfluß des Menschen auf mehr oder weniger große Bereiche einer Sprache beschränkt, so betrifft die Sprachplanung im Falle einer internationalen Plansprache das gesamte System. Der Unterschied ist nur ein quantitativer, kein qualitativer. Eher sollte man wie Fiedler von fließenden Übergängen

---

[73] Vgl. Brandenburg, U.: Vorwort. Esperanto aktuell. 2017/5, 3-4.

[74] Vgl. dazu und zu den folgenden Abschnitten: Mattusch, M.H.-J.: Unsere Sprachenwelt und ihre Zukunft. Düsseldorf 2012.

ausgehen, d.h. von einer Art Skala mit Natürlichkeit und Künstlichkeit als entgegengesetzten Polen, auf der die einzelnen Sprachen nach ihrem unterschiedlichen Grad von Künstlichkeit angeordnet werden.[75]

Eine Erfolgsstory für menschliche Eingriffe stellt das Neu-Hebräische/Iwrith dar. Nachdem Hebräisch 2.500 Jahre nur in Schrift und Ritus noch existierte, machte es Ben Yehuda[76] durch Wiederbelebung und Modernisierung zur Muttersprache der Israelis, die bis dahin die unterschiedlichsten Sprachen nutzten. – Bemerkenswert ist ebenfalls das als Verkehrssprache für Indonesien mit seinen ca. 700 malaio-polynesischen und Papua-Sprachen auf über 13.000 Inseln neu gebildete Bahasa Indonesia. Man nahm als Basis Malaiisch, das zwar nur für wenige Indonesier Muttersprache war, aber von vielen als Handelssprache verwendet oder zumindest verstanden wurde. Das Malaiische wurde für Indonesien nicht nur im Satzbau normiert, sondern es wurde mit dem Wortschatz des heutigen alltäglichen Lebens und dem der modernen Wissenschaft und Technik ausgestattet. Dabei wurden Prinzipien angewandt, die an Esperanto erinnern. – Von großer Bedeutung ist gleichfalls die Modernisierung der Lexik vieler anderer Sprachen, wie beim Arabischen, Türkischen, Baschkirischen, Vietnamesischen u.a., wozu Hunderttausende von Bezeichnungen neu geschaffen werden mußten.

---

[75] Vgl. Fiedler, S.: Plansprache und Phraseologie. Frankfurt a.M. u.a. 1999, 24.

[76] Eliezer Ben-Jehuda (1858-1922) war Autor des ersten modernen hebräischen Wörterbuchs. Er gilt als die wichtigste Kraft bei der Vervollständigung und Verbreitung des modernen Iwrit.

Erinnert sei an die Rolle der Bibelübersetzung Martin Luthers für die Herausbildung einer einheitlichen deutschen Nationalsprache. Diese Varietät des Deutschen stellte insofern eine geplante Sprache dar, als es sich um eine konstruierte Form handelte, die allerorten verstanden werden sollte. In der Folge wurde diese „geplante" Variante des Deutschen zur Verkehrssprache und wird heute als natürliche Sprache wahrgenommen. – Varianten von ethnischen Sprachen werden im Zuge von sprachpolitischen Maßnahmen öfter zu einer Varietät „vereinheitlicht", wie etwa im Falle des Ladinischen in Norditalien. Ein anderes Beispiel stellt die Bildung einer künstlichen Standardform aus unterschiedlichen Dialektformen für das Rätoromanische in der Schweiz dar. Für Norwegen schuf der Dialektforscher Aasen Ende des 19. Jahrhunderts auf der Grundlage altnorwegischer Dialekte eine neue Literatursprache, das „nynorsk" bzw. „landsmal". Auf der Basis eines zentralen Dialektes wurde für das Baskische in Spanien und Frankreich ein Standard geformt, das „Euskara Batua".

Interessant ist das „Putonghua" in China. Das Putonghua als gemeinchinesische Sprache wurde geschaffen, indem man die Aussprache von Peking, die Grammatik der Mandarin-Dialekte und den Wortschatz der umgangssprachlichen chinesischen Schriftsprache vereinte. Seine Aufgabe ist es, eine Verständigung zwischen den Sprechern der acht chinesischen „Hauptdialekte" – die ausgehend von ihrer gegenseitigen Unverständlichkeit eigentlich eigene Sprachen darstellen – zu ermöglichen, die sonst nur schriftlich über die gemeinsame chinesische Symbolschrift erfolgen kann. Auf der Basis dieses Putonghua – welches sich jedoch bisher nicht durchsetzen konnte[77] – wäre die Einführung eines lateinischen Alphabetes mit Zusatzzeichen möglich, etwa wie das in Vietnam bereits seit Jahrzehnten praktizierte. Eine weitere Frage ist, ob solche sprachlichen Neubildungen durch die jeweiligen Sprecher akzeptiert werden, was nicht immer der Fall ist, wie z. B. beim Rätoromanischen.

Es gibt zudem Bemühungen, Ethnosprachen zu vereinfachen, wie Basic-English von C. K. Ogden (1930), bei dem lediglich der Wortschatz reduziert wurde und viele Wörter mit Hilfe des Stammwortschatzes umschrieben wurden; die Grammatik wurde nicht verändert. Trotz des Einsatzes von Bernhard Shaw und von Winston Churchill für dieses Projekt fand es nicht genügend Anhänger. Analoge Ideen gab es für andere Sprachen, die sogenannten Reformsprachen, wie Wede (Weltdeutsch) von A. Baumann (1915), bei denen nicht allein der Wortschatz, sondern ebenfalls die Orthographie und die Grammatik der deutschen Sprache vereinfacht wurden. Solche Projekte waren nicht als neutrale internationale Sprachen gedacht, sondern dienten nationalistischen Zwecken zur Durchsetzung der betreffenden Sprache in der Welt. Nach dem Zweiten Weltkrieg schufen Franzosen etwas Ähnliches, ein „français élémentaire". In Finnland ist „Selkokieli" populär, eine vereinfachte Form des Finnischen, welches Migranten bei der Erlernung des Finnischen helfen soll. Es ist allerdings zu bezweifeln, ob

---

[77] Es gibt eine zunehmende Zahl von jüngeren Chinesen und Bewohnern größerer Städte, die ausschließlich oder überwiegend die Standardsprache (Putonghua) und keinen der chinesischen „Dialekte" spricht. Nach einer Erhebung des Bildungsministeriums im Jahr 2014 sprechen allerdings nur 7 % der Bevölkerung der VR China Hochchinesisch, 30 % sind überhaupt nicht in der Lage, in dieser Sprache zu kommunizieren.

solche vereinfachte Sprachen eine Stufe zur Normal-
sprache darstellen, da mit dem Übergang erhebliche
Mühen für ein Umlernen verbunden sind.

Hinsichtlich der Lexik einer Plansprache ist die Meinung
verbreitet, daß die Wörter bzw. ihre Elemente aus Ethnosprachen stammen sollten, um eine „Internationalität" der
Plansprache zu erreichen. Letztere sehen viele auf Grund
der starken Verbreitung der lateinischen Lexik in der
Basis der latiniden westeuropäischen Sprachen. Andere
möchten Elemente aus nichtromanischen europäischen
Sprachen, insofern sie internationalen Einfluß erreicht
haben, einbeziehen. Eine Art „absolute" Internationalität
würde man aber nur erzielen, wenn man prozentual die
Lexik aller größeren Sprachen der Welt berücksichtigen
würde. Aus dieser Sicht heraus wird Esperanto hinsichtlich seines Wortschatzes oft Eurozentrismus vorge-
worfen. Eine heterogene Lexik würde aber niemandem
nützen, da sie das Erlernen der betreffenden Plansprache
unnötig erschweren würde.

Für seine Lexik entlehnt Esperanto aus den größeren
europäischen Sprachen, vor allem aus dem latiniden und
internationalen Wortschatz, nicht ganze Wörter, sondern
nur Wortstämme. Zamenhof war bemüht, aus verschiedenen europäischen Sprachen Wörter herauszusuchen,
die eine gemeinsame Wurzel haben und von Sprechern
möglichst vieler Sprachen erkannt werden, d.h. die man
sich leicht merken kann. Diese sind zu ca. 70-75% roma-
nischer Herkunft bzw. direkt aus dem Lateinischen
entnommen, zu ca. 20% germanischen Ursprungs (vor
allem aus dem Englischen und Deutschen), und zu
ca. 5-10% entstammen diese Wortwurzeln slawischen
(besonders aus dem Polnischen und Russischen) und
anderen Sprachen (z.B. aus dem Alt-Griechischen). Wer
also Kenntnisse des Lateinischen oder des Französischen

bzw. Spanischen hat, wird zumindest passiv – wenn er das Wortbildungssystem des Esperanto kennt – vieles verstehen. Aber auch Deutsch und Englisch – seltener Russisch und Polnisch – sowie eine Kenntnis von Fremdwörtern der eigenen Sprache helfen. Für einen aktiven Sprachgebrauch muß man sich den Esperanto-Wortschatz jedoch bewußt aneignen. Das regelmäßige Wortbildungssystem des Esperanto mit über vierzig Vor- und Nachsilben erlaubt, im Gegensatz zu Ethnosprachen, eine schnelle Vergrößerung des Wortschatzes. Die erste Publikation von Zamenhof enthielt 1887 etwa 900 Wortwurzeln, das im Jahre 1970 in Paris erschienene PIV (Plena Ilustrita Vortaro de Esperanto / Ausführliches Illustriertes Esperanto-Wörterbuch) bereits ca. 15.000 Wortwurzeln, mit Komposita und Derivaten insgesamt ca. 45.000 Lemmata. Das große Wörterbuch von E.-D. Krause (Deutsch-Esperanto und Esperanto-Deutsch, 1999/2007) erfaßt ca. 160.000 Wortstellen.[78] Die Entwicklung von Sprachen ist immer schneller, als sie von den besten Wörterbüchern erfaßt werden kann, so daß man manche Wörter auch dort vergeblich sucht (was aber nicht gegen die Qualität solcher Wörterbücher spricht).

Im Esperanto werden mit einer Reihe von Präfixen und Suffixen (insgesamt ca. 40) neue Wörter gebildet, z.B. mit dem Präfix *mal* (= Gegenteil der Stammbedeutung): bona (gut) – malbona (schlecht); ferma (verschlossen) – malferma (offen); konstrui (bauen, errichten) – malkonstrui (abreißen); amiko (Freund) – malamiko (Feind) oder mit dem Suffix *ej* (= Ort): lerni (lernen) – lernejo

---

[78] Krause, E.-D.: Großes Wörterbuch Esperanto-Deutsch. Hamburg 1999; Krause, E.-D.: Großes Wörterbuch Deutsch-Esperanto. Hamburg 2007.

(Schule / Ort des Lernens); manĝi (essen) – manĝejo (Speiseraum) u.a.m. Man kann so mittels Vor- und Nachsilben aus einem einzigen Wortstamm eine Fülle von Wörtern bilden. Das Wichtigste dabei ist, daß jedem, der das Wortbildungssystem einmal erlernt hat, die Bedeutung dieser Ableitungen in den meisten Fällen verständlich ist. Die Regelmäßigkeit der Formenbildung und die Produktivität der Wortbildungsmittel geben dem Sprecher eine Sicherheit im Sprachgebrauch, die er bei einer erlernten Ethnosprache nur selten erreichen kann.[79] Dennoch ist auch bei Esperanto für das Erlernen des Wortschatzes ein gewisser Zeitaufwand notwendig.

Radio Beijing (Peking) und andere auf Kurzwelle arbeitende Stationen, wie Havanna (zuvor besonders Radio Warschau), aber auch die Redakteure von Esperanto-Zeitschriften sind durch ihre esperantosprachigen Informationen zu aktuellen politischen, kulturellen, wirtschaftlichen, wissenschaftlichen, medizinischen und technischen Themen ständig sprachschöpferisch tätig. Einerseits kann man am Esperanto natürliche Wandlungsprozesse beobachten: in einer Tendenz zu Wortstammkürzungen; Komposita werden durch Neologismen ersetzt; Simplizia treten neben Komposita; es kommt zu semantischen Veränderungen. Andererseits wirken Bremsfaktoren, die solche Wandlungsimpulse ausgleichen und die Sprache stabilisieren, wie seine Funktion als neutrales internationales Kommunikationsmittel in Form einer Zweitsprache. Dazu gesellt

---

[79] Vgl. Eichner, H.: Konstruierte Intersprachen: Herausforderung und Chance für die Sprachwissenschaft? In: Zwischen Utopie und Wirklichkeit. Konstruierte Sprachen für die globalisierte Welt. Bayerische Staatsbibliothek. München 2012, 123-149.

sich ein hohes Normbewußtsein der Esperanto-Sprachgemeinschaft. Es bildet sich ein gewisses Gleichgewicht zwischen den Kräften, die eine Plansprache in ihrer ursprünglichen Form erhalten und jenen, die ihre Veränderung fördern.

Man hört immer wieder, Esperanto könne auf Grund seiner Einfachheit keine vollwertige Sprache für alle Bereiche des Lebens sein; es könne keine Gefühle ausdrücken, es fehle Esperanto die große Literatur. Nicht zuletzt durch die zahlreichen Übersetzungen von Werken der Weltliteratur entwickelte sich Esperanto in schnellem Tempo. Zudem existiert eine reiche Esperanto-Originalliteratur. Allerdings muß man feststellen, daß in den letzten Jahren wenig Neues erschienen ist, vor allem mangelt es an Übersetzungen moderner Literatur. Man kann – obwohl dies von Gegnern der Sprache bezweifelt wird – in Esperanto fluchen, Witze erzählen, verfügt über Redensarten,[80] Gedichte, Lieder etc. Es ist eine wohlklingende, singbare und ausdrucksreiche Sprache. Die Betonung liegt, wie im Polnischen, auf der vorletzten Silbe (im Gegensatz zu Sprachen wie dem Russischen, wo man mit dem Wort sich seine Betonung einprägen muß). Viele tausend Seiten sind im Internet in Esperanto geschrieben (z.B. in der Esperanto-Ausgabe von Wikipedia), es können Esperanto-Sprachkurse[81] und Esperanto-Wörterbücher abgerufen werden; gleichfalls liegt umfangreiches Esperanto-Material in gedruckter Form vor. In Facebook und anderen sozialen Netzwerken existieren Esperanto-Gruppen, es gibt Internetforen und Chaträume für Esperanto.

---

[80] Fiedler, S.: Plansprache und Phraseologie. Frankfurt a.M. 1999.
[81] Z.B. „Lernu", „Duolingo" u.a.m.

Die Sprache Esperanto entwickelt sich laufend weiter, um all das auszudrücken, was neu in der Welt ist. Alle „Voraussagen" über einen möglichen Zerfall des Esperanto in Dialekte haben sich nicht bestätigt. Einerseits haben die Esperantisten selbst darauf geachtet, daß die Normen eingehalten werden – man spricht von einer „Hyperkorrektheit" der Esperanto-Sprecher[82] –, andererseits helfen die Esperanto-Medien international bei der Wahrung des Standards oder zumindest begünstigen sie eine kontrollierte Evolution. Von dem Zeitpunkt ab, wo künstliche Sprachen zu natürlichen werden, unterliegen sie natürlichen Wandlungsvorgängen, die sich jedoch durch spezifische Eigengesetzlichkeiten in Grenzen halten. Vor allem bleiben die Vorteile einer solchen Plansprache, wie ein hoher Grad an Regelmäßigkeit, einfache Lexik und Grammatik sowie Neutralität, bestehen. Im Unterschied zur Kommunikation in Ethnosprachen ist beim guten Esperanto-Sprecher das Regelwerk des Esperanto gegenwärtig und abrufbar. Er ist bemüht, diese Regeln als Voraussetzung für eine leichte Erlernbarkeit und Verbreitung zu erhalten und in diesem Sinne auf den Kommunikationspartner einzuwirken.

Auch das Englische ist trotz seiner weltweiten Anwendung nicht in Dialekte zerfallen; sicherlich spielt hierbei seine Verbreitung über Radiostationen, Fernsehen etc. eine Rolle, die eine einheitliche Norm fördert. Dennoch existieren Varietäten des ursprünglichen „britischen" Englisch, wie das amerikanische, australische, neuseeländische, kanadische, indische usw. Englisch,[83] die aber

---

[82] Vgl. Fiedler, S.: Plansprache und Phraseologie. Frankfurt a.M. u.a. 1999, 170.

[83] Es werden bis zu 35 Varietäten des Englischen unterschieden, vgl. Wikipedia.

ein Verstehen nicht verhindern, selbst wenn man als Nichtmuttersprachler beispielsweise in Australien anfangs „die Ohren spitzt". Das noch im vorigen Jahrhundert für den Fremdsprachenunterricht mehr oder weniger verbindliche Britische Englisch in Form des Oxford Englisch spielt heutzutage keine größere Rolle mehr,[84] stärker hört man das amerikanische Englisch. Eine Verbreitung des Esperanto im Sinne einer Weltverkehrssprache wird vermutlich zu einer Auflösung der kulturellen Identität der heutigen Sprecher führen, was den Fortfall ihrer besonderen Beziehungen zu ihrer Sprache bedeuten könnte.[85] Auch könnten sich – analog zum Englischen – Varietäten bilden, die dann aber – wie beim Englischen – das Verstehen nicht behindern würden.

Man sollte jedoch erkennen, daß, sollte Esperanto weltweit als internationale Verkehrssprache eingeführt werden, neue Probleme entstünden. Denn müßten alle Menschen im Alltag wie beruflich mit dieser Sprache umgehen, würden neue Formen der Ungleichheit zwischen den Menschen[86] entstehen, die den Problemen mit dem Englischen – oder wie früher mit dem Russischen in den ehemaligen sozialistischen Staaten – ähneln würden, d.h. es würde einerseits Menschen geben, die Esperanto gut beherrschen, aber auch solche, die es nur mangelhaft sprechen, an ihm wenig interessiert sind und es als Zwang empfinden. Andererseits würde die

---

[84] Es geht auf Merkmale der Aussprache im Südosten Englands zurück und galt früher als diejenige englische Aussprachevariante, die für „gebildete Sprecher" empfohlen wurde.

[85] Vgl. Fiedler, S.: Plansprache und Phraseologie. Frankfurt a.M. u.a. 1999, 176.

[86] Künzli: www.plansprachen.ch (2016/17)

Einführung von Esperanto es ermöglichen, anderen Sprachen die Hunderten von Stunden zu widmen, die durch die schnellere Aneignung des Esperanto eingespart werden würden.

Hinsichtlich der Herkunft des lexikalischen Materials und seiner Verwendung (Wortbildungsmuster, Redewendungen, Sprichwörter u.a.) steht Esperanto in der Tradition der europäischen Sprachen. In diesem Sinne kann man Esperanto als eine lexikalisch vorwiegend romanische Sprache auffassen. Diese Deutung erfaßt nicht die morphologischen Besonderheiten, denn Zamenhof verwendete indoeuropäisches Sprachmaterial und ordnete es nach nichtindoeuropäischen Gesichtspunkten, d.h. Esperanto hat morphologisch Gemeinsamkeiten mit agglutinierenden Sprachen.[87] Es zeigen sich jedoch ebenfalls isolierende Züge.[88] Man kann es also nicht als rein agglutinierende Sprache bezeichnen oder gar als „agglutinierendes Latein" wie es Schlobinski tut.[89]

Betrachten wir die Grammatik des Esperanto an einigen Beispielen (auf die Lexik war ich schon kurz eingegangen), die vielleicht Nichtesperantisten eine gewisse Vorstellung von dieser Plansprache vermitteln können.

---

[87] Eine agglutinierende Sprache ist eine Sprache, in der Wörter aus langen Formketten (Aneinanderreihung von Morphemen) bestehen, dabei hat jede Einheit eine bestimmte grammatische Bedeutung, z.B. Türkisch.

[88] Eine isolierende Sprache ist eine Sprache, in der Wörter unveränderlich sind (also Sprachen, die nahezu ohne Morphologie auskommen) und grammatikalische Beziehungen durch die Wortstellung, grammatische Hilfswörter u.a. angezeigt werden, z.B. Chinesisch, Indonesisch.

[89] Schlobinski, P.: Grundfragen der Sprachwissenschaft. Göttingen u.a. 2014, 55.

94

Eine ausführliche Darstellung der sprachlichen Struktur des Esperanto findet sich bei Blanke.[90]

Das Substantiv bekommt im Singular immer die Endung -o: studento (Student), an die Wurzel wird also die Endung angehängt; bei einem Adjektiv im Singular steht die Endung -a: nova (neu); das Adverb erhält ein -e: bone (gut). Beim Plural kommt sowohl beim Adjektiv als auch beim Substantiv ein -j hinzu: bonaj amikoj (gute Freunde). – Zur Bildung der Kasus: hier gibt es keine eigentliche Nominativendung: die o- Form entspricht dem Nominativ. Der Akkusativ wird durch Anhängen eines -n gebildet. Das Adjektiv wird wie das Substantiv dekliniert: Mi vidas la grandan domon (Ich sehe das große Haus) bzw.: Mi vidas la grandajn domojn (Ich sehe die großen Häuser). Die übrigen Kasus werden wie im Englischen durch Präpositionen angezeigt: der Genitiv durch de (von): la domo de mia patro (das Haus meines Vaters), der Dativ durch al (zu): mi donas al mia frato la libron (ich gebe meinem Bruder das Buch).

Da viele Sprachen, wie Niederländisch, Englisch u.a. – von zahlreichen asiatischen Sprachen ganz zu schweigen – über keinen Akkusativ verfügen, bereitet dieser Esperanto-Sprechern solcher Sprachen Schwierigkeiten. Sie gebrauchen ihn entweder falsch oder lassen ihn ganz weg, was aber, solange sie die richtige Wortfolge einhalten, das Verstehen nicht behindert. Analog steht es um den bestimmten Artikel. So kennen die meisten baltischen und alle slawischen Sprachen (außer dem Bulgarischen und dem Makedonischen) weder bestimmte noch unbestimmte Artikel; unbekannt sind sie

---

[90] Blanke, D.: Internationale Plansprachen. Eine Einführung. Berlin 1985, 219-292.

auch in Turk- und in Finnisch-ugrischen Sprachen, ebenfalls im Baskischen. Hinzu kommen viele Sprachen in Asien. Die Zeitauffassung des Esperanto deckt sich zudem bei den Partizipien nicht mit der des Deutschen und anderer nichtslawischer Sprachen. So sind in den Esperanto-Zeitformen der Partizipien die slawischen Aspekte irgendwie mitenthalten, was zwar einerseits einen großen Ausdrucksreichtum ermöglicht, aber andererseits einem Nichtslawen das Verständnis erschwert. Man kann allerdings als Ausweg im mündlichen Sprachgebrauch die Partizipialkonstruktionen weitestgehend vermeiden.

Zamenhof wollte bereits in seinen Reformvorschlägen von 1894[91] auf den Akkusativ, und auch auf den

---

[91] Vgl. Wikipedia/Engl. Ausgabe/Reformed Esperanto: Main proposed changes:
   1. The accented letters would disappear, together with most of their sounds.
   2. The "c" would be pronounced like the old "ŝ"; "z" as the old "c", i.e. as /ts/.
   3. The letters "ĝ" and "ĵ" would be usually replaced by "g" and "j" respectively.
   4. The definite article would be eliminated.
   5. The accusative would have the same form as the nominative and depend on position for clarity.
   6. A plural noun would replace "-o" with "-I", instead of adding "-j".
   7. Both adjectives and adverbs would take the ending "-e", be invariable, and depend on position for clarity.
   8. The number of participles would be reduced from six to two.
   9. The table of correlatives would be replaced with words or phrases taken from Romance languages.
   10. The roots of the language would be changed to reflect the new alphabet.

$\rightarrow$

bestimmten Artikel verzichten; ebenfalls die Partizipien wollte er von sechs auf zwei reduzieren. Dabei ist die Erörterung der Frage unwichtig, ob diese Korrekturvorschläge von Zamenhof selbst stammten oder von denjenigen, die von ihm sprachliche Korrekturen forderten. Zamenhof stellte sie jedenfalls zur Abstimmung, und sie wurden von der Mehrheit der Esperanto-Sprecher abgelehnt. Aus heutiger Sicht ist zumindest der genannte Teil der Vorschläge von Zamenhof weiterhin aktuell. Aber vor einer solchen doch moderaten Reform schreckt man aus den unterschiedlichsten Gründen selbst nach so langer Zeit immer noch zurück. Möglich wäre jedoch, daß sich – wie bei allen lebenden Sprachen, d.h. auch bei Esperanto –, die „Sprachökonomie" von allein durchsetzt. Ein bekanntes Beispiel für solche sprachökonomischen Prozesse ist die sich verstärkende Nutzung des Suffixes -io zur Bildung von Ländernamen in Esperanto (Bulgario, Belgio, Francio) anstelle der Zamenhofschen Formen mit -ujo (Bulgarujo, Belgujo, Francujo), die auf einen Einfluß des Ido zurückgeht. Diese Beispiele zeigen, daß auch im Esperanto die Norm keine statische, sondern eine veränderliche Größe ist. Sie ergibt sich in erster Linie aus dem realen Sprachgebrauch. Die zulässige Varianz innerhalb der Norm scheint Blanke bei Esperanto größer zu sein als bei Ethnosprachen. Nach Blanke besteht, unter Bezug auf Wüster, das sprachliche Gesetz der Sprachökonomie aus zwei Teilen: dem Prinzip der Sprachbequemlichkeit und dem der Redundanz. Besonders letzteres ist für Esperanto von Bedeutung, da die Unterschiede im Beherrschungsgrad der Sprache durch die Sprecher, ihre Zugehörigkeit zu unterschiedlichen politischen, gesellschaftlichen, kulturellen, religiösen u.a.

---

11. The roots of the language not taken from Latin or Romance languages would be replaced by such.

Bereichen sowie die Wirkungen der nationalsprachlichen Interferenz auf das Esperanto die Kommunikation stören könnten. Der Einfluß einzelner Ethnosprachen auf die Struktur der Bedeutungsmotive im Esperanto ist bisher kaum untersucht, etwa ob sich bei Übersetzungen aus der vietnamesischen, chinesischen, japanischen Sprache Einflüsse auf die Wortstruktur des Esperanto zeigen.[92]

Das Verb (Infinitiv/Grundform = skribi) weist im Aktiv folgende Formen auf:

mi skribas / ich schreibe (Präsens/Gegenwart)

vi skribis / du schriebst (Präteritum/Vergangenheit)

li skribos / er wird schreiben (Futur/Zukunft)

ŝi skribus / sie würde schreiben, sie schriebe, sie hätte geschrieben (Konditional/Bedingung, Möglichkeit)

skribu! / schreibe!, schreibt!, schreiben Sie! (Imperativ, Volitiv/Wunsch, Befehl).

Es gibt in jeder Zeitstufe ein aktives und passives Partizip; der Vokal ist dabei derselbe wie bei den Personalformen, z.B. im Aktiv: skribanta / schreibend (Durativ/Andauer, Wiederholung), skribinta / geschrieben habend (Perfektiv/Vollendung), skribonta / schreiben werdend (Prospektiv/Erwartung). Bestimmte Partizipialkonstruktionen lassen sich in einem Relativsatz umwandeln: La bildo, pendanta super la skribotablo = La bildo, kiu pendas super la skribotablo (Das Bild, welches über den Schreibtisch hängt). Man kann dadurch im mündlichen Sprachgebrauch die Partizipialkonstruktionen

---

[92] Blanke, D.: Internationale Plansprachen. Eine Einführung. Berlin 1985, 256 ff.

weitestgehend vermeiden. Die passiven Partizipien verwenden analog die Formen: -it-, -at-, -ot-.

Die Schreibweise von Esperanto ist phonematisch, das heißt, daß jedem Schriftzeichen nur ein Phonem (Sprachlaut) und jedem Phonem nur ein Schriftzeichen zugeordnet ist. Esperanto wird mit einem Alphabet geschrieben, das aus 28 Buchstaben besteht. Man verwendet Buchstaben des lateinischen Alphabets (die Buchstaben q, w, x, y und die deutschen Sonderzeichen ä, ö, ü, ß fehlen), sechs Buchstaben sind ergänzt durch Überzeichen (diakritische Zeichen): ĉ, ĝ, ĥ, ĵ, ŝ und ŭ. Beispielsweise entspricht ŝ dem deutschen sch und ĉ dem tsch (z.B. ŝako „Schach" und Ĉeĉenio „Tschetschenien"). Diese Überzeichen, die früher im Druckwesen Probleme bereiteten, stellen für die heutige Computertechnik keine Schwierigkeit mehr da.

Als Sprachbeispiel für Esperanto einen Satz aus der Allgemeinen Erklärung der Menschenrechte, Artikel 1:

Ĉiuj homoj estas denaske liberaj kaj egalaj laŭ digno kaj rajtoj. Ili posedas racion kaj konsciencon, kaj devus konduti unu al la alia en spirito de frateco.

(Alle Menschen sind frei und gleich an Würde und Rechten geboren. Sie sind mit Vernunft und Gewissen begabt und sollen einander im Geist der Brüderlichkeit begegnen).[93]

Zamenhof wußte, daß eine Plansprache nicht das Werk eines einzelnen, sondern allein das Produkt ihrer Sprachgemeinschaft sein konnte. Deshalb publizierte er nur ein Minimalgerüst seiner Sprache. Dieses umfaßte so viel

---

[93] Nach Wikipedia: Esperanto, 2018.

Grammatik, Wortschatz und Modelltexte, daß es damit möglich war, selbst Texte zu schaffen, zu korrespondieren und in dieser Sprache zu sprechen. Es handelt sich bei Esperanto um ein bewußt offenes System. Oft wird von Gegnern des Esperanto aus Unkenntnis das Gegenteil behauptet und daraus das Scheitern von Esperanto abgeleitet. Ein Sprachprojekt aus linguistischer Sicht zu erarbeiten, ist nicht die Hauptschwierigkeit bei der Schaffung einer Plansprache, sondern das Problem besteht darin, ein solches Schreibtisch- oder Computerprojekt in die Praxis einzuführen, damit aus ihm eine funktionierende Sprache wird. Da Esperanto keine geschlossene Kommunikationsgemeinschaft auf einem einheitlichen Territorium besitzt, mußte eine sprachtragende Gemeinschaft erst geschaffen werden. Von besonderer Bedeutung war dafür die sprachpolitische und soziolinguistische Haltung des Begründers: wie die Bildung eines Esperanto-Weltbundes, die Herausgabe von Zeitschriften etc., die seit 1905 mit Ausnahme der beiden Weltkriege jährlich stattfindenden Esperanto-Weltkongresse[94] u.a. Aber auch Rundfunksendungen, Internetprogramme u.a. sind für die Entwicklung eines aktuellen Wortschatzes von großer Bedeutung.

In Wien existiert in der Österreichischen Nationalbibliothek ein Esperanto-Museum mit großer plansprachlicher Bibliothek, aber auch die Bibliothek des Esperanto-Weltbundes in Rotterdam/Niederlande und die des Britischen Esperanto-Bundes in London, eine der umfassendsten Plansprachensammlungen weltweit, sind bekannt. Ebenfalls in anderen Städten gibt es große

---

[94] Eine Liste aller Weltkongresse und ihrer Tagungsorte mit Teilnehmerzahlen findet sich in Anhang 1 zu dieser Publikation.

plansprachliche Bibliotheken, so in Deutschland in Aalen, an der Bayrischen Staatsbibliothek München, in der Staatsbibliothek Berlin, eine Spezialsammlung zur Arbeiter-Esperanto-Bewegung im Fritz-Hüser-Institut in Dortmund u.a. Hinzu kommen internationale Esperanto-Begegnungsstätten. Hier macht in Deutschland die Esperanto-Stadt Herzberg/Harz von sich reden. La Esperanto-urbo, die Esperanto-Stadt, hat nicht nur Straßenschilder auf Esperanto: auch in Restaurants gibt es zweisprachige Speisekarten, die Esperanto-Flagge ist am zentralen Platz aufgezogen und in Hotels wird Esperanto gesprochen. Man kann sich in Esperanto weiterbilden, Sprachkurse besuchen und auch Esperanto-Examen ablegen. Hinzu kommt ein Zamenhof-Denkmal. Bekannt ist ebenfalls das Plansprachenzentrum von La Chaux-de-Fonds in der Schweiz. 1907 scheiterte ein heute fast vergessener Versuch, im heutigen Belgien einen Esperanto-Staat zu gründen. So gab es dort eine Gruppe von Esperanto-Anhängern, die aus Neutral-Moresnet einen Esperanto-Staat bilden wollte. Unter anderem versuchten der französische Professor Gustave Roy und Wilhelm Molly, der Chefarzt der Erzgrube und nach 1881 stellvertretender Bürgermeister, in Neutral-Moresnet den ersten Esperanto-Staat der Welt auszurufen. (Neutral-Moresnet war von 1816 bis 1919 ein neutrales Territorium, das als Kondominium gemeinsam vom Vereinigten Königreich der Niederlande bzw. (ab 1830) Belgien und Preußen bzw. (ab 1871) dem Deutschen Reich verwaltet wurde. Das 3,4 km² große Gebiet liegt 7 km südwestlich von Aachen).

Das 2001 gegründete Esperanto-Wikipedia hat ca. 240.000 Einträge, d.h. mehr, als Wikipedia in Kroatisch oder Bulgarisch zu bieten hat. Es gibt Radiosendungen auf Esperanto: früher u.a. besonders durch Radio

Warschau, die Schweiz und Österreich, aber auch durch Radio Vatikan; bedingt durch ökonomische Ursachen zur Zeit nur noch durch Kuba und China, aber verstärkt über das Internet.[95] Während noch vor einer Generation ein weltumspannender Briefverkehr mit wochenlangen Antwortzeiten zum Esperanto-Alltag gehörte, können heute Nachrichten in wenigen Minuten oder gar Sekunden per E-Mail, Facebook etc. in die ganze Welt übertragen werden. Die Suchmaschine Google findet fast 100.000 esperantosprachige Dokumente, darunter touristische Informationen, Archive für Rundfunksendungen und Sammlungen klassischer Esperanto-Literatur. Ebenfalls das Google-Übersetzungssystem im Internet übersetzt aus und ins Esperanto, wenn auch die Ergebnisse noch unterschiedlich sind. Es gibt zudem zahlreiche Musik-, Gesang-, Tanz- und Theatergruppen, die Esperanto-Programme bieten.

Neben unterschiedlichen Korrespondenzdiensten und den vielfältigen Möglichkeiten des Internets gibt es seit Jahrzehnten einen Pasporta Servo (Paßdienst), d.h. ein Netzwerk von Menschen, welche Esperanto sprechen und bereit sind, anderen Esperantisten eine kostenlose Übernachtungsmöglichkeit zu bieten. Das Adressenverzeichnis wird jährlich aktualisiert. In der Ausgabe 2017 sind 974 Gastgeber in 81 Ländern eingetragen.[96] Wichtig ist, daß der Gast Esperanto spricht, da die Motivation der

---

[95] Z.B. Podcasts von „Radio Verda" aus Vancouver (Kanada); oder ein podcast zu den Themen Technik – Kultur – Wissenschaft, produziert in Ludwigsburg, unter „kern.punkto.info"; das Internet-Radio „muzaiko" bringt rund um die Uhr Musik und Reportagen auf Esperanto u.a.m. (2018).

[96] Den Pasporta Servo findet man auch im Internet auf pasportaservo.org.(2018).

Gastgeber darin liegt, die Sprache zu gebrauchen. – Der größte weltweite Dachverband ist der Esperanto-Weltbund UEA mit Sitz in Rotterdam (SAT hat seinen Sitz in Paris). Ihm obliegt gemeinsam mit der jeweiligen lokalen Esperanto-Organisation die Ausrichtung und Organisation der jährlich stattfindenden Esperanto-Weltkongresse.[97] Die größten Esperanto-Organisationen in Deutschland sind der Deutsche Esperanto-Bund sowie dessen Jugendorganisation, die Deutsche Esperanto-Jugend. Letztere ist gleichzeitig Mitglied der weltweiten Esperanto-Jugendorganisation TEJO. Beide veranstalten ebenfalls nationale Kongresse. TEJO organisiert zudem jährlich Weltjugendkongresse. Erwähnenswert ist unbedingt die Gesellschaft für Interlinguistik mit ihrem Sitz in Berlin, die sich durch ihre wissenschaftliche Arbeit zu Plansprachen verdient macht. – Gleichfalls führt SAT/Paris jährliche Esperanto-Kongresse durch.

Eine nicht zu unterschätzende Rolle spielen Symbole. Das traditionelle Esperantosymbol ist ein grüner fünfzackiger Stern. Er wird von Esperantisten häufig als Erkennungszeichen in Form eines kleinen Ansteckers (meist auf weißem Grund) getragen. Die Esperantoflagge besteht aus einem grünen Hintergrund, auf dem sich in der linken oberen Ecke ein weißes Quadrat mit grünem Esperantostern befindet. Das Grün der Flagge soll die Hoffnung symbolisieren, das Weiß den Frieden, und der fünfzackige Stern steht für die fünf Kontinente. SAT verwendet statt grünem einen roten Hintergrund, um seine linke Ausrichtung zu dokumentieren; auch christliche Esperanto-Gruppen nutzen leicht variierte Fahnen. Das Esperanto-Jubiläumssymbol (zum 100-jährigen Bestehen 1987) stellt zwei gegeneinander gestellte E dar,

---

[97] Vgl. dazu die Kongreßauflistung in Anhang 1.

die in ihrer Form an eine Weltkugel erinnern. Als Hymne des Esperanto gilt Zamenhofs vertontes Gedicht „La Espero" (Die Hoffnung).[98]

Die große Rolle, die das Englische heute spielt, basiert auf der Vormachtstellung der US-amerikanischen Wirtschaft. Mit ihr hängt die wissenschaftliche, technologische, militärische und kulturelle Dominanz der USA eng zusammen. Noch 1950, in den Zeiten des Kalten Krieges, war Englisch als Weltsprache nur eine Möglichkeit unter anderen, wie Französisch, Russisch, Spanisch u.a. Heutzutage ist Englisch als globale Sprache eine Realität. Weltsprachen sind immer eine Frage der Macht. So breitete sich das Griechische in erster Linie durch die Kriegszüge Alexanders des Großen aus, das Lateinische durch den Vormarsch der römischen Legionen, das Arabische als Sprache von Glaubenskriegern und nicht etwa, weil jemand Homer, Platon, Aristoteles; Cicero, Seneca, Ovid kennenlernen oder arabische Wissenschaft und Kultur studieren wollte.[99]

Nützlich für die Charakterisierung bzw. Feststellung von Weltsprachen ist ein Punktesystem von Weber.[100] Er stellt sechs Charakteristika heraus:

---

[98] Der Originaltext von „La Espero" (Die Hoffnung) findet sich unter „La Espero" im Internet (2018); nebst einer deutschen Nachdichtung auch bei Fiedler, S.: Plansprache und Phraseologie. Frankfurt a. M. 1999.

[99] Vgl. hierzu und zum folgenden: M. H.-J. Mattusch: Unsere Sprachenwelt und ihre Zukunft. Düsseldorf 2012.

[100] Weber, G.: Top Languages. The World's 10 most influential Languages. Language Monthly 3, 12-18, 1997; Reprint in: American Association of Teachers of French. National Bulletin, vol. 24, 3, 22-28, 1999.

1. Die Zahl der Primärsprachler;

2. Die Zahl der Zweitsprachler;

3. Zahl und Bevölkerungsstärke der Länder, die die betreffende Sprache verwenden;

4. Die Zahl ihrer internationalen Anwendungssphären in Wissenschaft, Diplomatie, Handel und Wirtschaft usw.;

5. Die ökonomische, militärische und finanzielle Stärke der Länder, die die betreffende Sprache nutzen;

6. Das internationale sozio-literarische Prestige der betreffenden Sprache. Für alle Charakteristika werden bestimmte Punktezahlen vergeben.

Nicht nur an erster Stelle steht das Englische, sondern es nimmt hinsichtlich der Punktewertung eine Spitzenposition ein. Mit Abstand folgen das Französische und das Spanische. Sprachen wie Russisch, Arabisch, Chinesisch, Deutsch, Japanisch, Portugiesisch / Brasilianisch, Hindi / Urdu kommen trotz ihrer hohen Sprecherzahlen für eine Weltsprache nicht oder nicht mehr bzw. noch nicht in Frage. Zudem wird ein Rückgang der Rolle des Französischen in der Gegenwart deutlich, während die Bedeutung von Spanisch im Wachsen ist. Die Rolle des Russischen ist seit der Auflösung der Sowjetunion rückläufig, die Bedeutung von Deutsch nimmt wieder leicht zu, der Einfluß von Portugiesisch / Brasilianisch vergrößert sich in Anbetracht der wachsenden Wirtschaftsmacht Brasiliens, gleichfalls Chinesisch wird wichtiger. Betrachtet man Sprachen nach ihrer Verbreitung auf der Erde, zeigt sich, daß allein das Englische globalen Charakter besitzt, während andere Sprachen nur als interkontinental (Französisch, Spanisch, Russisch, Arabisch, Portugiesisch / Brasilianisch) oder allein kontinental oder regional (Deutsch, Chinesisch, Japanisch, Hindi / Urdu,) einzustufen sind.

Wichtung von Sprachen (Auf der Basis von Weber 1999):

Sprache	Punkte	Tendenz	Verbreitung
Englisch	37	↑	Global
Französisch	23	↓	Interkontinental
Spanisch	20	↑	Interkontinental
Russisch	16	↓	Interkontinental
Arabisch	14	→	Interkontinental
Chinesisch	13	↑	Regional
Deutsch	12	↑	Kontinental/ Regional
Japanisch	10	→	Regional
Portugiesisch/ Brasilianisch	10	↑	Interkontinental
Hindi/Urdu	9	→	Regional

Der Traum der Esperantisten, daß jeder Mensch auf dieser Erde sich mit jedem anderen Menschen mittels *einer* Sprache verständigen kann, rückt zwar näher, aber es handelt sich um keine Plansprache, sondern um Englisch. Die Kenntnis des Englischen ist allerdings stark gegliedert: An der Spitze steht die große Zahl von Muttersprachlern, die sich in einer ganzen Reihe von englischsprachigen Ländern konzentrieren, wie Großbritannien, Irland, USA, Kanada, Australien, Neuseeland u.a. Ihnen folgen die ständigen Anwender, wie Diplomaten, Manager, EU-Beamte, Ingenieure im Auslandseinsatz usw. Dann kommen die gelegentlichen Nutzer, die auf ihrem Schulwissen aufbauen. Schließlich gibt es noch viele Menschen mit bescheidenen Kenntnissen, die kaum oder gar nicht in der Lage sind, eine Konversation zu Alltagsfragen auf Englisch zu führen. Und nicht zu vergessen: der hohe Prozentsatz von Menschen, die keine Fremdsprache sprechen, von den vielen Analphabeten ganz zu schweigen.

Die Kenntnisse des Englischen als Zweitsprache erreichen selten das Niveau eines Muttersprachlers. Es handelt sich jedoch beim Zweitsprachen-Englisch, im Gegensatz zu Esperanto, um eine Zweisprachigkeit, die den Menschen durch die allgemeine Globalisierung direkt oder indirekt mehr oder weniger aufgezwungen wird und nicht um eine selbst gewählte Form einer freiheitlichen und demokratischen Verständigung. Hinzu kommen – wiederum im Vergleich zu Esperanto – die Schwierigkeiten des Erlernens des Englischen hinsichtlich seiner komplizierten Grammatik, seiner schwierigen Rechtschreibung und Aussprache u.a.m. Gravierend ist vor allem der Vorteil, den die Muttersprachler des Englischen auf allen Gebieten besitzen bzw. der Nachteil für alle übrigen Menschen. Das Englische als globale Sprache bringt zudem nichts für die europäische Identität, da es eine Weltsprache darstellt, also keine gemeinsame Sprache nur für Europa, die die EU stärker zusammenhalten könnte.

Offen bleibt, wie lange sich Englisch als globale Verkehrssprache halten wird. Zwar wird der Westen nach

Huntington[101] noch länger der stärkste und mächtigste Kulturkreis bleiben, aber andere nichtwestliche Kulturkreise und mit ihnen ihre Sprachen werden nach und nach erstarken. Besonders Machtverschiebungen zugunsten von China sind abzusehen. Innerhalb der Kulturkreise wird meist eine Sprache als Kernsprache gesehen. So werden Arabisch, Chinesisch, Japanisch, Hindi und Russisch als Kernsprachen ihrer jeweiligen Kulturkreise, des islamischen, des chinesischen oder sinischen/konfuzianischen, des japanischen, des hinduistischen und des russisch-orthodoxen, betrachtet. Für den lateinamerikanischen ist es neben Portugiesisch/Brasilianisch in erster Linie Spanisch. Der westlich-christliche unterscheidet sich von den übrigen durch seine Fülle von großen europäischen Sprachen. Hier zeichnet sich seit dem 20. Jahrhundert eine Dominanz des Englischen ab, wobei zu berücksichtigen ist, daß zu diesem Kulturkreis, neben europäischen Staaten, die USA, Kanada, Australien, Neuseeland u.a. gehören. Aber ebenfalls Französisch und Deutsch haben größeren Einfluß. Ob Arabisch über das einigende Band des Korans auf Dauer die Kernsprache des islamischen Kulturkreises bleiben wird, ist zweifelhaft, wenn man bedenkt, daß hierzu ebenfalls Bangladesch, Indonesien, Iran, Malaysia, Pakistan und die Türkei mit solchen großen Sprachen wie Bengalisch, Indonesisch, Persisch/Farsi, Malaiisch, Urdu und Türkisch gehören. Hinzu kommt der Zerfall des Arabischen in zahlreiche Varianten. Für den jüdischen Kulturkreis ist durch Israel Iwrith als Kernsprache bedeutsam, bedingt durch die Diaspora, gleichfalls Englisch und Russisch, während die Rolle des Jiddischen

---

[101] Huntington, S. P.: Der Kampf der Kulturen. The Clash of Civilizations. Die Neugestaltung der Weltpolitik im 21. Jahrhundert. München, Wien 1996.

im Schwinden ist. Für den buddhistischen Kulturkreis, der sich mit dem chinesischen und japanischen überschneidet, sowie für Afrika – ohne Nord- und Südafrika – und den polynesischen Kulturkreis kann keine Kernsprache genannt werden. Die Existenz eines afrikanischen Kulturkreises ist strittig.[102]

Es existiert eine Reihe von Ländern mit Brückenfunktion. So bildet die Türkei, obwohl sie im islamischen Kulturkreis verwurzelt ist, eine Brücke von Europa zur islamischen Welt wie zu den zentralasiatischen Ländern und zum Transkaukasus. Eine Rolle spielt sicherlich, daß es sich sowohl bei Türkisch als auch bei Aserbaidschanisch, Turkmenisch, Kasachisch, Usbekisch, Kirgisisch um Turksprachen handelt, also um miteinander verwandte Sprachen. Ebenfalls Rußland – ein euro-asiatischer Staat mit orthodoxen Wurzeln und asiatischen Bindungen – zeigt Brückenfunktionen. Hier sind besonders seine kulturellen Wechselwirkungen mit Europa zu nennen. Andererseits hat es – hier spielen asiatische Einflüsse eine Rolle – eine eigene Denkweise und Handlungsmuster, die es von anderen slawischen Ländern unterscheidet. Rußland liegt durch seine geographische Lage im Spannungsfeld zwischen Asien und Europa; es vereinigt zwei Welten. Es ist ein riesiger euro-asiatischer Staat. Sicherlich bergen Brückenfunktionen die Gefahr von Zerreißproben in sich. So kam es am Horn von Afrika 1993 zur Trennung des überwiegend muslimischen Eritrea (Amtssprachen: Tigrinya und Arabisch) vom größtenteils christlichen Äthiopien (Amtssprache: Amharisch). Ebenfalls in der Ukraine zeichnen sich zwei

---

[102] Vgl. hierzu und zu den folgenden Abschnitten: Mattusch, M.H.-J.: Unsere Sprachenwelt und ihre Zukunft. Düsseldorf 2012, 130 ff.

Teile ab: der unierte ukrainischsprachige – zum Teil auch polnischsprachige – Westen und der orthodoxe russischsprachige Osten. Kulturen zeigen eine einigende wie eine polarisierende Kraft. Menschen, die durch Ideologien getrennt, aber durch eine Kultur verbunden waren, finden wieder zusammen wie in Deutschland. Gesellschaften, die durch Ideologien oder historische Umstände geeint, aber kulturell und sprachlich vielfältig waren, sind auseinandergefallen, wie die Sowjetunion, Jugoslawien, die Tschechoslowakei, das Habsburger Vielvölkerreich. Zwar sollte man solche Überlegungen zu Kulturkreisen nicht überbewerten, dennoch sind sie für Sprachenfragen von Wichtigkeit.[103]

Mit der großen Zahl von Englischsprechenden kann die kleine Zahl von Esperanto-Sprechern nicht konkurrieren. Hinzu kommen für Englisch die vielen Menschen, die es als Zweit- oder Drittsprache nutzen. Man sollte zudem nüchtern sehen, daß manche Esperanto-Nutzer die Sprache mehr schlecht als recht sprechen und schreiben und an nationalen Esperanto-Abenden gern in ihre Muttersprache zurückfallen. Deshalb bringen besonders internationale Esperanto-Veranstaltungen einen großen Lernschub. Aber all das spricht nicht etwa gegen Esperanto. Auch bei Ethno-Fremdsprachen lernt der eine Mensch schneller bzw. langsamer als der andere. Wesentlich sind das Interesse und die Begeisterung für Esperanto.

Als Reaktion auf die bisher erfolglosen Versuche einer Durchsetzung von Esperanto in der Welt formulierte man 1980 auf einem Esperanto-Jugendkongreß in der finni-

---

[103] Vgl. hierzu auch: Meyer, Th.: Identitäts-Wahn. Die Politisierung des kulturellen Unterschieds. Berlin 1997, 83.

schen Stadt Rauma die Ideen des sogenannten „raŭmismo". Sie bilden die Basis der Diskussionen darüber, ob die bisherige Zielorientierung von Esperanto ausschlaggebend bleibt oder ob man sich als selbständige internationale Sprachgemeinschaft mit eigener Kultur sehen sollte. Letzteres birgt die Gefahr in sich, daß eine groß angelegte sprachliche Reformbewegung zu einer sich selbst genügenden Mikrogesellschaft degeneriert. So steht das Ideal des „Esperanto als zweite Fremdsprache für alle" in Teilen der Esperanto-Bewegung – besonders in der Jugend – nicht mehr so stark im Vordergrund wie früher, als das klassische Ziel des „finvenkismo" (abgeleitet von fina venko = endgültiger Sieg) betont wurde, d.h. des unermüdlichen Eintretens für die Verbreitung der Sprache.

Borman, ein bekannter Esperantist, schreibt:

> „Der Umfang der Englisch-Kenntnisse ist zur Zeit so erdrückend groß, daß die Befürworter von Plansprachen und konkret die Esperantisten, sich die Frage nach den verbleibenden Chancen ihres Anliegens stellen müssen. Ist Esperanto schon Vergangenheit? War es ein interessanter Versuch des 20. Jahrhunderts, der mit dem neuen Jahrhundert abgeschlossen ist?"[104]

Das sind Fragen, die sich aus sprachwissenschaftlicher Sicht nicht beantworten lassen. Durch die auch in der EU noch vorherrschende Betonung der Nationalstaatenidee bleibt für Esperanto wenig Raum, weil eine solche internationale Sprachgemeinschaft einfach nicht in eine Welt

---

[104] Bormann, W.: Verschiebungen im Machtgefüge. Festlibro por Detlev Blanke. (Hrsg. S. Fiedler, Liu Haitao). Praha 2001, 59.

des Nationalismus paßt. A. Künzli[105] sieht die Ursachen der bisher fehlenden Erfolge von Esperanto in Fehlern der Esperanto-Bewegung und meint, die Sprache Esperanto solle sich von der Esperanto-Bewegung befreien, dann „bestünde noch eine Chance" für Esperanto. Aber wie sollte sich eine Sprache ohne eine Unterstützung durch Menschen durchsetzen? Ohne eine Bewegung, die für sie eintritt, wäre sie schnell vergessen. Ein Auftreten nur im Internet reicht nicht aus. In den letzten Jahren ist einerseits ein vor allem altersbedingter Mitgliederschwund in den traditionellen Esperanto-Vereinigungen festzustellen und andererseits ein Anwachsen der Sprecherzahl im Internet – hier vor allem durch jüngere Esperantisten –, aber gleichfalls ein Anwachsen der Beteiligung an internationalen Esperanto-Treffen.

Erlebt man die Nutzung von Esperanto auf internationalen Esperanto-Treffen, muß man sagen, Esperanto ist noch kein Versuch, der abgeschlossen ist; Esperanto ist noch nicht Vergangenheit. Esperanto ist etwas für Menschen, die sich im Sinne Zamenhofs als Weltbürger sehen. Die Sprache hat in über 130 Ländern der Erde Freunde gewonnen, obwohl sie weder den Schutz irgendeines Staates genießt noch irgendeine Macht oder Lobby hinter sich hat. Das Verdienst von Esperanto ist es, gezeigt zu haben, daß eine Verständigung der unterschiedlichsten Völker mit einer konstruierten Sprache möglich ist. Esperanto lebt und erinnert daran, daß in einer globalisierten Welt, in der das Englische dominiert, eine demokratische und freiheitliche Verständigung von Mensch zu Mensch keine Utopie bleiben muß. Aber Esperanto hat gegenwärtig unter der Übermacht der

---

[105] www.plansprachen.ch (2016/17).

Nationalstaaten nicht die Möglichkeiten, seine Vorstellungen auf politischer Ebene durchzusetzen oder in einer größeren Öffentlichkeit Gehör zu finden. Hinzu kommt enges nationales Denken vieler Menschen in Sprachenfragen,[106] aber auch, daß es noch zu wenig Anhänger von Esperanto gibt. Dazu verteilen sie sich über den ganzen Erdball, so daß auf die einzelnen Länder meist eine nur relativ kleine Anzahl von Esperantisten entfällt. Die Einführung einer Plansprache als Zweitsprache wäre eine revolutionäre Veränderung, die etwa mit der Einführung des Buchdruckes oder des Internet verglichen werden könnte. Es müßten bis dahin noch viele Vorurteile, psychologische Hemmschwellen u.a. überwunden werden.

Eine neutrale, leicht erlernbare Sprache als Zweitsprache für die Welt oder für Europa bleibt unter den gegenwärtigen Verhältnissen ein Traum. Man sollte aber die Rolle solcher Träume nicht unterschätzen. Schon mancher Traum ist zur weltverändernden Tatsache geworden, denn die Idee von einer gleichberechtigten Kommunikation mittels einer neutralen Sprache bleibt faszinierend. Im alltäglichen Leben mit Esperanto spielen diese Perspektiv-Fragen jedoch eine mehr untergeordnete Rolle, da Esperanto als weltweite lebendige Realität gesehen wird. Selbst wenn ein großer Teil der Träume Zamenhofs, wie eine Welt ohne Kriege oder eine Universalreligion, sich nicht verwirklicht hat, hat er doch die Grundlage für eine relativ schnell erlernbare internationale Sprache geschaffen, zu der sich – trotz Repressalien aller Art – eine weltweite Sprachgemeinschaft bekennt. Was wäre die Welt ohne solche Idealisten, ohne

---

[106] U. Lins: Die gefährliche Sprache. Die Verfolgung von Esperanto unter Hitler und Stalin. Gerlingen 1988, 297.

ihren Glauben an Esperanto als einheitliche Weltsprache, d.h. durch sie der babylonischen Sprachverwirrung ein Ende zu setzen? Der erreichte Stand der Anwendung des Esperanto bleibt zwar hinter den Hoffnungen der Esperantisten deutlich zurück, entspricht aber den historischen Gegebenheiten. Selbst die besten Eigenschaften einer Plansprache sind keine Garantie dafür, daß sie zur internationalen Verständigung eingesetzt wird. Sie sind nur eine der Voraussetzungen. Entscheidend sind politische und ökonomische Fakten, d.h. Machtfragen.[107]

---

[107] Blanke, D.: Internationale Plansprachen. Eine Einführung. Berlin 1985, 17, 219 ff.

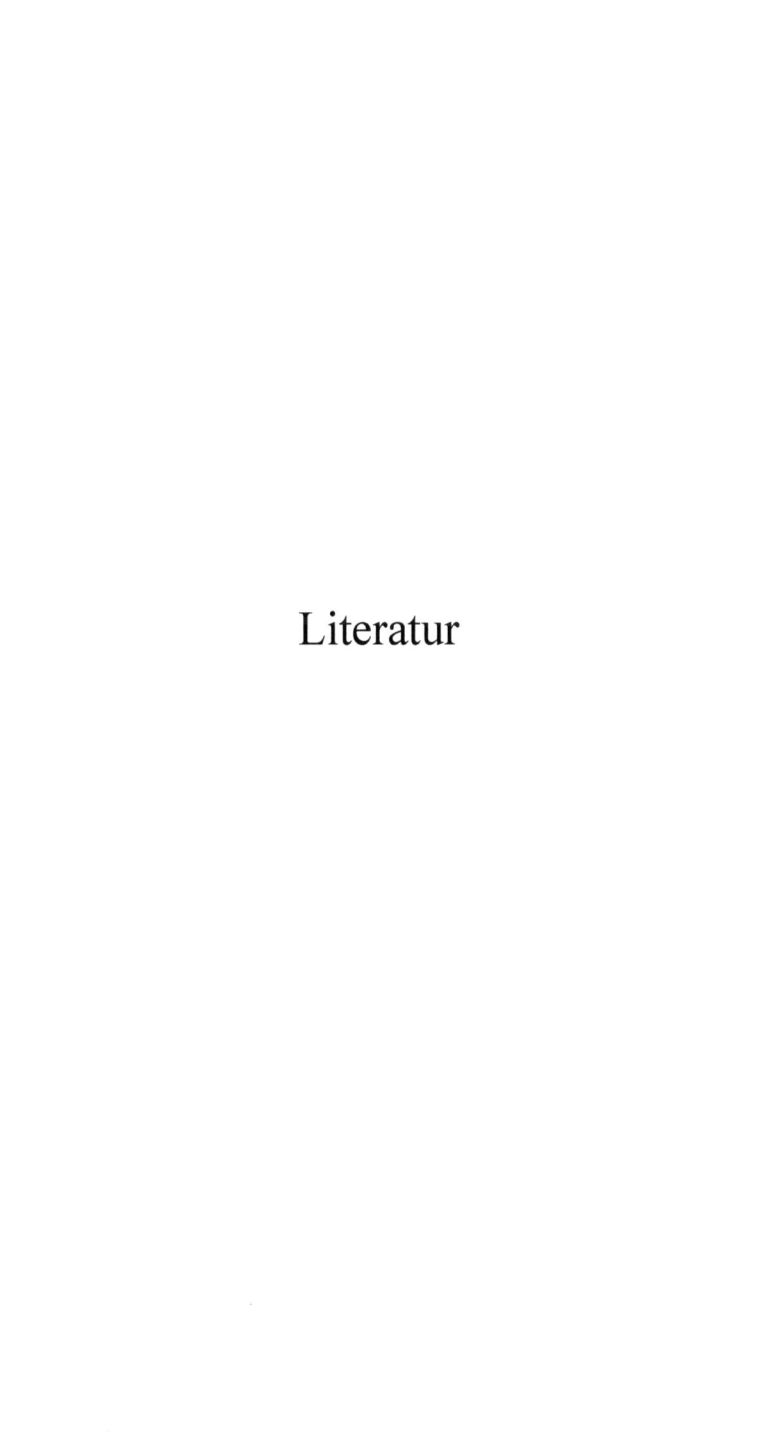

Literatur

Ammon, U.: Ist Deutsch noch internationale Wissenschaftssprache? Englisch auch für die Lehre an den deutschsprachigen Hochschulen. Berlin, New York 1998.

Ammon, U. (Hrsg.): The dominance of English as a language of science. Berlin, New York 2001.

Arntz, R.: Das vielsprachige Europa. Eine Herausforderung für Sprachpolitik und Sprachplanung. Hildesheim 1998.

Baudouin de Courtenay, J.: Zur Kritik der künstlichen Weltsprachen. Leipzig 1908.

Bayrische Staatsbiblothek: Zwischen Utopie und Wirklichkeit. Konstruierte Sprachen für die globalisierte Welt. München 2012.

Bendias, T.: Die Esperanto-Jugend in der DDR. LIT 2011.

Blanke, D.: Internationale Plansprachen. Eine Einführung. Berlin 1985.

Blanke, D.: Pri la „interna ideo" de Esperanto. In: Sociopolitikaj aspektoj de la Esperanto-movado. Hungara Esperanto-Asocio. Budapest 1986, 182-208.

Blanke, D.: Internationale Plansprachen – Wesen, historische Perspektive und aktueller Stand. In: Das Kommunikations- und Sprachenproblem in der Europäischen Gemeinschaft – Inwieweit könnte eine Plansprache zu seiner Lösung beitragen? Hanns Seidel Stiftung e.V., Europäisches Parlament. Brüssel 1993, 63-74.

Blanke, D.: Pri la aktuala stato de interlingvistiko. In: Carlevaro, T. (Hrsg.): Domaine de la recherche en linguistique appliquée. Bellinzona 1998, 6-94.

Blanke, D.: Plansprachen und europäische Sprachen-politik. In: Sprachenpolitik und Europa. Interlinguistische Informationen/Berlin, Beiheft 6, Oktober 2001, 85-105.

Blanke, D. (Hrsg. Fiedler, S.): Interlinguistische Beiträge. Zum Wesen und zur Funktion internationaler Plan-sprachen. Frankfurt a.M. u.a. 2006.

Blanke, D.: Esperanto kaj Socialismo? Mondial, Nov-Jorko. 2007[2].

Blanke, D.: Sprachwandel im Esperanto – gezeigt an Beispielen aus der Lexik. In: Reinke, K.; Sinner, C. (Hrsg.): Sprache als Spiegel der Gesellschaft. Festschrift für Johannes Klare zum 80. Geburtstag. München 2010, 51-77.

Blanke, D.; Dahlenburg, T.-D.: Konversationsbuch Deutsch-Esperanto. Wien 1998[2].

Blanke, D.; Lins, U. (Hrsg.): La arto labori kune. Festlibro per Humphrey Tonkin. Rotterdam 2010.

Brandenburg, U.: Vorwort. Esperanto aktuell. 2017/5, 3-4.

Bormann, W.: Eine Plansprache als 12. Vertragssprache. In: Beihefte zu „Interlinguistische Informationen", Nr. 1 (November 1996): Becker, U. (Red.), Translation in Plansprachen, Gesellschaft für Interlinguistik. Berlin 1996, 34-38.

Bormann, W.: Verschiebungen im Machtgefüge. Fest-libro por Detlev Blanke. (Hrsg. S. Fiedler, Liu Haitao). Praha 2001, 57-69.

Bußmann, H.: Lexikon der Sprachwissenschaft. Stuttgart 2008[4].

Carnap, R.: Mein Weg in die Philosophie. Stuttgart 1993.

Christ, H.: Fremdsprachenunterricht für das Jahr 2000. Sprachpolitische Betrachtungen zum Lehren und Lernen fremder Sprachen. Tübingen 1991.

Crystal, D.: Die Cambridge Enzyklopädie der Sprache. Frankfurt, New York 1995.

Crystal, D.: English as a Global Language. Cambridge University Press 1997.

Dahlenburg, T.-D.: Esperanto – eine neue Brücke zur Welt. Torino 1996.

Dahmann, K.; Punsch, T.: Esperanto Wort für Wort (= Kauderwelsch. Band 56). Bielefeld 2007[5].

Deutscher, G.: Im Spiegel der Sprache. Warum die Welt in anderen Sprachen anders aussieht. München 2010.

Eco, U.: Die Suche nach der vollkommenen Sprache. München 1994[2].

Eichner, H.: Konstruierte Intersprachen: Herausforderung und Chance für die Sprachwissenschaft? In: Zwischen Utopie und Wirklichkeit. Konstruierte Sprachen für die globalisierte Welt. Bayerische Staatsbibliothek. München 2012, 123-149.

Europäische Kommission: Spezial Eurobarometer 386. Die europäischen Bürger und ihre Sprachen. 2012.

Fellmann, U.: Probleme des Übersetzens in Esperanto in einer Arbeitsumgebung mit schnell wachsender und veränderlicher Terminologie am Beispiel der Abteilung „Structured Finance" einer internationalen Handelsbank (Fachbereich: Corporate Finance). In: Beihefte zu „Interlinguistische Informationen", Nr. 1 (November 1996): Becker, U. (Red.), Translation in Plansprachen, Gesellschaft für Interlinguistik. Berlin 1996, 39-47.

Fiedler, S.; Mattusch, H.-J.: MLU Halle-Wittenberg, Sektion Fremdsprachen, Lehrmaterial Nr. 73, Teil 1 und Teil 2. Halle 1990. Hausdruck.

Fiedler, S.: Plansprache und Phraseologie. Frankfurt a.M. 1999.

Finkenstaedt, Th.; Schröder, K.: Sprachen im Europa von morgen. Berlin 1992.

Fluck, H.-R.: Fachsprachen. Tübingen, Basel 1996[5].

Forster, P.G.: The Esperanto Movement. The Hague 1982.

Gardt, A.: Nation und Sprache. Die Diskussion ihres Verhältnisses in Geschichte und Gegenwart. Berlin, New York 2000.

Göttert, K.-H.: Deutsch. Biografie einer Sprache. Berlin 2010.

Griebel, R.: Vorwort. In: Zwischen Utopie und Wirklichkeit. Konstruierte Sprachen für die globalisierte Welt. Bayerische Staatsbibliothek. München 2012, 7-10.

Haarmann, H.: Sprachenalmanach. Zahlen und Fakten zu allen Sprachen der Welt. Frankfurt, New York 2002.

Haarmann, H.: Weltgeschichte der Sprachen. München 2006.

Haarmann, H.: Kleines Lexikon der Sprachen: Von Albanisch bis Zulu. München 2017.

Habermas, J.: Zur Verfassung Europas. Suhrkamp 2011[5].

Hagége, C.: Welche Sprache für Europa? Verständigung in der Vielfalt. Frankfurt u.a. 1996.

Haupenthal, R. (Hrsg.): Plansprachen. Beiträge zur Interlinguistik. Darmstadt 1976.

120

Haupenthal, R.: Johann Martin Schleyer (1831-1912) und seine Plansprache Volapük. In: Zwischen Utopie und Wirklichkeit. Konstruierte Sprachen für die globalisierte Welt. Bayerische Staatsbibliothek. München 2012, 63-84.

Hoffmann, L.: Kommunikationsmittel Fachsprache. Eine Einführung. Berlin 1984.

Holubar, K.; Schmidt, C.: Medizinische Terminologie und ärztliche Sprache. Wien 2007[2].

Hornung, W.: Die russische chemische und chemisch-technische Terminologie im Vergleich zum Deutschen. Diss. Berlin 1965.

Hornung, W.: Kriterien der Erforschung russischer Terminologien. Habilarbeit Berlin 1981.

Huntington, S.P.: Der Kampf der Kulturen. The Clash of Civilizations. Die Neugestaltung der Weltpolitik im 21. Jahrhundert. München, Wien 1996.

Janton, P.: Einführung in die Esperantologie. Hildesheim, Zürich, New York 1993[2].

Keller, R.: Sprachwandel. Von der unsichtbaren Hand in der Sprache. Tübingen, Basel 2003[3].

Krause, E.-D.: Großes Wörterbuch Esperanto-Deutsch. Hamburg 1999.

Krause, E.-D.: Großes Wörterbuch Deutsch-Esperanto. Hamburg 2007.

Künzli, A.: L.L. Zamenhof (1859-1917) Esperanto. Hillelismus (Homaranismus) und die „jüdische Frage" in Ost und Westeuropa. Wiesbaden 2010.

Limbach, J.: Hat Deutsch eine Zukunft? Unsere Sprache in der globalisierten Welt. München 2008.

Lins, U.: Die gefährliche Sprache. Die Verfolgung der Esperantisten unter Hitler und Stalin. Gerlingen/Stuttgart 1988.

Lins, U.: Die ersten hundert Jahre des Esperanto. In: Zwischen Utopie und Wirklichkeit. Konstruierte Sprachen für die globalisierte Welt. Bayerische Staatsbibliothek. München 2012, 85-121.

Lins, U.: La danĝera lingvo. Rotterdam 2016.

Maas, U.: Sprache und Sprachen in der Migrationsgesellschaft. Osnabrück 2008.

Mattusch, E. und M.H.-J.: Esperanto – ein Ausweg aus Babylon. 95 Jahre Esperanto in Düsseldorf. Düsseldorf 2002.

Mattusch, H.-J.: Ermittlungen zu grammatischen Strukturmodellen von nominalen fachsprachlichen terminologischen Wortverbindungen (am Beispiel der Medizin / Russisch). Wissenschaftliche Zeitschrift der Universität Halle XXI (1972), G., Heft 5, 45-48.

Mattusch, H.-J.: Zu einigen Problemen des Verhältnisses von Terminologie und Phraseologie im Russischen. Zeitschrift für Phonetik, Sprachwissenschaft und Kommunikationsforschung 30 (1977), Heft 3, 274-279.

Mattusch, H.-J.: Semantičeskaja problematika special'nych jazykov. In: Issledovanija po semantike 5. Ufa 1980, 3-11.

Mattusch, H.-J.: K voprosu o funkcional'no-semantičeskom opisanii jazyka. In. Issledovanija po semantike 9. Ufa 1983, 93-99.

Mattusch, H.-J.: Zur Betrachtung der Aufforderungsmodalität unter kommunikativ-funktionalem Aspekt – untersucht an einigen naturwissenschaftlichen Fachsprachen des Russischen. Zeitschrift für Phonetik, Sprachwissenschaft und Kommunikationsforschung 1984, Heft 1, 71-81.

Mattusch, H.-J.: Sprachplanung, Plansprachen und Fachsprachen. Wissenschaftliche Zeitschrift der Universität Halle XXXVIIII '89, G., H. 5, 85-88.

Mattusch, M.H.-J.: Vielsprachigkeit: Fluch oder Segen für die Menschheit? Frankfurt a.M. 1999.

Mattusch, M.H.-J.: Globalisierung und europäischer Fremdsprachenunterricht. In: Studoj pri interlingvistiko. Festlibro por Detlev Blanke. (Hrsg. S. Fiedler, Liu Haitao). Praha 2001, 77-94.

Mattusch, M.H.-J.: Unsere Sprachenwelt und ihre Zukunft. Düsseldorf 2012.

Meyer, Th.: Identitäts-Wahn. Die Politisierung des kulturellen Unterschieds. Berlin 1997.

Moos. P. v.: Zwischen Babel und Pfingsten. Wien, Berlin 2008.

Ostler, N.: The Last Lingua Franca: English Until the Return of Babel. London 2010.

Pahlow, H.: Esperanto – einfach, kompakt und übersichtlich. Leipzig 2016.

Pei, M.: The Story of Language. New York 1965.

Philippe, B.: Sprachwandel bei einer Plansprache am Beispiel des Esperantos. Konstanz 1991.

Piron, Cl.: Les barrières psychologiques envers des langues 'planifiées' In: Das Kommunikations- und Sprachenproblem in der Europäischen Gemeinschaft. Inwieweit könnte eine Plansprache zu seiner Lösung beitragen? Hans Seidel Stiftung e.V. Europäisches Parlament. Brüssel 29.9.93, 75-80.

Roelcke, T.: Fachsprachen. Berlin 2010[3].

Sakaguchi, A.: Interlinguistik. Gegenstand, Ziele, Aufgaben, Methoden. Frankfurt, Berlin, Bern, New York, Paris, Wien 1998.

Schlobinski, P.: Grundfragen der Sprachwissenschaft. Göttingen u.a. 2014.

Schloßmacher, M.: Die Amtssprachen in den Organen der Europäischen Gemeinschaft. Duisburger Arbeiten zur Sprach- und Literaturwissenschaft 25. Frankfurt/Main 1997[2].

Schubert, K.: Esperanto: Konzepte und Strukturen. In: Das Kommunikations- und Sprachenproblem in der Europäischen Gemeinschaft. Inwieweit könnte eine Plansprache zu seiner Lösung beitragen? Hans Seidel Stiftung e.V. Europäisches Parlament. Brüssel 1993, 91-94.

Schubert, K.: Zum gegenwärtigen Stand der maschinellen Übersetzung. In: Beihefte zu „Interlinguistische Informationen", Nr. 1 (November 1996): Becker, U. (Red.), Translation in Plansprachen, Gesellschaft für Interlinguistik. Berlin 1996, 14-33.

Schubert, K.: Ausdruckskraft und Regelmäßigkeit. Was Esperanto für automatische Übersetzung geeignet macht. In: Tonkin, H. (Hrsg.): Esperanto, Interlinguistics and Planned Language. Rotterdam u.a. 1997, 117-139.

Seyran, A.: Der Multi-Kulti-Irrtum. Berlin 2008.

Sikosek, M.: Die neutrale Sprache. Eine politische Geschichte des Esperanto-Weltbundes. Bydgoszcz: Skonpres, 2006.

Störig, H.J.: Abenteuer Sprache. Ein Streifzug durch die Sprachen der Erde. München 1992.

Tonkin, H. (Hrsg.): Esperanto, Interlinguistics and Planned Language. Lanham-Oxford: University Press of America 1997.

Trabant, J.: Was ist Sprache? München 2008.

Weber, G.: Top Languages. The World's 10 most influential Languages. Language Monthly 3, 12-18, 1997; Reprint in: American Association of Teachers of French. National Bulletin, vol. 24, 3, 22-28, 1999.

Wells, J.C.: Linguistische Aspekte der Plansprache Esperanto. Saarbrücken 1987.

Willkommen, D.: Esperanto-Grammatik. Hamburg 2007[2].

Wilss, W (Hrsg.): Weltgesellschaft, Weltverkehrssprache, Weltkultur. Tübingen 2000.

Wittgenstein, L.: Vermischte Bemerkungen – Eine Auswahl aus dem Nachlaß. Frankfurt a.M. 1978.

Wunderlich, W.: Sprachen der Welt. Darmstadt 2015.

Wunsch-Rolshoven, Lu: Norbert Lammert und Esperanto. Esperanto aktuell 2018/3,15-16.

Wüster, E.: Internationale Sprachnormung in der Technik. Bonn 1931/1970[3].

Zamenhof, L.L.: Fundamenta Krestomatio de la lingvo Esperanto. Roterdamo 1992, 18. Aufl.

Anhang

1. Esperanto-Weltkongresse (Universalaj Kongresoj: UK) ab 1905 bis heute

Der Esperanto-Weltkongreß (Universala Kongreso / UK) ist die größte Esperanto-Veranstaltung und wird jedes Jahr in einer anderen Stadt und einem anderen Land durchgeführt. Ausrichter ist der Esperanto-Weltbund (Universala Esperanto-Asocio / UEA) mit Sitz in Rotterdam / Niederlande gemeinsam mit einem Ortsausschuß. Diese Kongresse sind allein schon dadurch beeindruckend, daß sich Tausende von Menschen aus den unterschiedlichsten Ländern mit den verschiedensten Muttersprachen eine Woche lang treffen und mittels Esperanto verständigen. Wer dies erlebt hat, wird nicht an der Funktionsfähigkeit von Esperanto zweifeln. Neben umfangreichen Themen- und Fachvorträgen wird ein Kulturprogramm mit Theateraufführungen, Buchvorstellungen, Kabarett, Konzerten u.a. geboten. Bei Ausflügen können die Teilnehmer das Gastland kennenlernen; alle Führungen selbstverständlich nur auf Esperanto. Zudem gibt es Sitzungen von Organen des Weltbundes, aber gleichfalls von anderen Esperanto-Organisationen.

Infolge des ersten und zweiten Weltkrieges konnten die Kongresse in jener Zeit nicht stattfinden. In den Hitler- und Stalin-Jahren fielen Teilnehmer aus den von ihnen – aber auch aus denen von Mussolini und Franco – beherrschten Gebieten aus; hinzu kam Portugal, welches gleichfalls Esperanto verneinte. Bis zum Zusammenbruch des Kommunismus und dem Fall der Mauer 1989 war selbst nach Wiederzulassung von Esperanto in den Ländern Osteuropas und der DDR eine Teilnahme von Esperantisten – mit Ausnahme einiger dort stattfindender Kongresse mit hohen Teilnehmerzahlen (Warschau 1959, Sofia 1963, Budapest 1966, Warna/Bulgarien 1978,

Budapest 1983, Warschau 1987)[108] – aus sozialistischen Ländern an Kongressen, wenn sie in „westlichen" Ländern stattfanden, so gut wie unmöglich. Auch ist zu bedenken, daß bei entfernten Tagungsorten in Nord- und Südamerika oder Asien für europäische Teilnehmer aufgrund der Kostenfrage eine Teilnahme nur eingeschränkt möglich ist (was umgekehrt genauso zutrifft). – Auch in bis heute sozialistisch orientierten Staaten fanden Kongresse statt, so in China in Peking 1986, 2004; in Vietnam in Hanoi 2012; in Kuba in Havanna 1990, 2010.

Zum Kongreß 1933 in Köln wurde noch vom Oberbürgermeister Dr. Adenauer eingeladen, aber eröffnet wurde er von einem Nazioberbürgermeister unter der Hakenkreuzflagge. Infolge dessen sagten viele ausländische Esperantisten ab. 1967 mußte der in Tel Aviv/Israel geplante Kongreß auf Grund von Kriegshandlungen (Sechstagekrieg) kurzfristig nach Rotterdam/Niederlande verlegt werden. – Der Esperanto-Weltkongreß wurde bisher neunmal in Deutschland veranstaltet, wenn man Danzig mit einbezieht: 1908 in Dresden, 1923 in Nürnberg, 1927 in Danzig, 1933 in Köln, 1951 in München, 1958 in Mainz, 1974 in Hamburg, 1985 in Augsburg, 1999 in Berlin. Er wurde zudem viermal in Österreich (1924, 1936, 1970, 1992, jedes Mal in Wien) und sechsmal in der Schweiz (1906 und 1925 in

---

[108] Auffällig ist dabei, daß weder in Rußland, in der Tschechoslowakei noch in der DDR Kongresse stattfanden. In Rumänien und Albanien war Esperanto noch immer verboten, und die in Jugoslawien stattfindenden Veranstaltungen durften DDR-Bürger analog zu solchen in westlichen Ländern normalerweise nicht besuchen.

Genf, 1913, 1939 und 1947 in Bern und 1979 in Luzern) durchgeführt.

Seit 1938 gibt es ebenfalls einen Esperanto-Jugendweltkongreß (Internacia Junulara Kongreso: IJK). Er wird eigenständig von der Welt-Esperanto-Jugend TEJO (Tutmonda Esperantista Junulara Organizo Esperanto-Weltjugendorganisation) in unterschiedlichen Ländern organisiert.[109] – In Deutschland findet alljährlich ein Kongreß des Deutschen Esperanto-Bundes (DEB) statt (in den letzten Jahren gemeinsam mit Verbänden benachbarter Staaten). Zudem gibt es in den einzelnen Bundesländern wie in vielen anderen Staaten der Welt zahlreiche größere Esperanto-Veranstaltungen, aber auch viele sprachliche Weiterbildungsmöglichkeiten. Übers Jahresende finden unterschiedliche kleinere oder größere Esperanto-Treffen mit Familiencharakter statt.

Die proletarische Esperanto-Weltorganisation „Sennacieca Asocio Tutmonda" (SAT = Nationenunabhängiger / Anationaler Weltbund) mit Sitz in Paris veranstaltet ebenfalls jährlich – in verschiedenen Ländern – internationale Esperanto-Kongresse.

---

[109] TEJO (Tutmonda Esperantista Junulara Organizo, auf Deutsch meist Esperanto-Weltjugendorganisation oder kurz Esperanto-Weltjugend genannt) ist eine Organisation für Esperanto-Sprecher bis zum Alter von 30 Jahren. TEJO wurde 1938 unter dem Namen Tutmonda Junular-Organizo (Welt-Jugendorganisation) gegründet und 1952 auf den jetzigen Namen umbenannt. 1956 wurde TEJO die Jugend-Sektion der UEA.

Bisherige Veranstaltungsorte bzw. -Länder und Teilnehmerzahlen der Esperanto-Weltkongresse:

Jahr	Stadt, Land	Teilnehmer
2020	Montreal, Kanada	(geplant)
2019	Lathi, Finnland	(geplant)
2018	Lissabon, Portugal	1363
2017	Seoul, Südkorea	1173
2016	Nitra, Slowakei	1253
2015	Lille, Frankreich	2698
2014	Buenos Aires, Argentinien	706
2013	Reykjavík, Island	1034
2012	Hanoi, Vietnam	866
2011	Kopenhagen, Dänemark	1458
2010	Havanna, Kuba	1002
2009	Białystok, Polen	1860
2008	Rotterdam, Niederlande	1845
2007	Yokohama, Japan	1901
2006	Florenz, Italien	2209
2005	Vilnius, Litauen	2344
2004	Peking, Volksrepublik China	2031
2003	Göteborg, Schweden	1791
2002	Fortaleza, Brasilien	1484
2001	Zagreb, Kroatien	1691
2000	Tel Aviv, Israel	1212

Jahr	Stadt, Land	Teilnehmer
1999	Berlin, Deutschland	2712
1998	Montpellier, Frankreich	3133
1997	Adelaide, Australien	1224
1996	Prag, Tschechien	2972
1995	Tampere, Finnland	2443
1994	Seoul, Südkorea	1776
1993	Valencia, Spanien	1863
1992	Wien, Österreich	3033
1991	Bergen, Norwegen	2400
1990	Havanna, Kuba	1617
1989	Brighton, U.K.	2280
1988	Rotterdam, Niederlande	2321
1987	Warschau, Polen	5946
1986	Peking, Volksrepublik China	2482
1985	Augsburg, Deutschland	2311
1984	Vancouver, Kanada	802
1983	Budapest, Ungarn	4834
1982	Antwerpen, Belgien	1899
1981	Brasília, Brasilien	1749
1980	Stockholm, Schweden	1807
1979	Luzern, Schweiz	1630
1978	Warna, Bulgarien	4414
1977	Reykjavík, Island	1199
1976	Athen, Griechenland	1266

Jahr	Stadt, Land	Teilnehmer
1975	Kopenhagen, Dänemark	1227
1974	Hamburg, Deutschland	1651
1973	Belgrad, Jugoslawien	1638
1972	Portland, USA	923
1971	London, U.K.	2071
1970	Wien, Österreich	1987
1969	Helsinki, Finnland	1857
1968	Madrid, Spanien	1769
1967	Rotterdam, Niederlande	1265
1966	Budapest, Ungarn	3975
1965	Tokio, Japan	1710
1964	Den Haag, Niederlande	2512
1963	Sofia, Bulgarien	3472
1962	Kopenhagen, Dänemark	1550
1961	Harrogate, U.K.	1646
1960	Brüssel, Belgien	1930
1959	Warschau, Polen	3256
1958	Mainz, Deutschland	2021
1957	Marseille, Frankreich	1468
1956	Kopenhagen, Dänemark	2200
1955	Bologna, Italien	1687
1954	Haarlem, Niederlande	2353
1953	Zagreb, Jugoslawien	1760
1952	Oslo, Norwegen	1614

Jahr	Stadt, Land	Teilnehmer
1951	München, Deutschland	2040
1950	Paris, Frankreich	2325
1949	Bournemouth, U.K.	1534
1948	Malmö, Schweden	1761
1947	Bern, Schweiz	1370
1946 - 1940	Ausfall durch Zweiten Weltkrieg	-----
1939	Bern, Schweiz	765
1938	London, U.K.	1602
1937	Warschau, Polen	1120
1936	Wien, Österreich	854
1935	Rom, Italien	1442
1934	Stockholm, Schweden	2042
1933	Köln, Deutschland	950
1932	Paris, Frankreich	1650
1931	Krakau, Polen	900
1930	Oxford, U.K.	1211
1929	Budapest, Ungarn	1200
1928	Antwerpen, Belgien	1494
1927	Danzig, Freie Stadt Danzig	905
1926	Edinburgh, U.K.	960
1925	Genf, Schweiz	953
1924	Wien, Österreich	3054
1923	Nürnberg, Deutschland	4963

Jahr	Stadt, Land	Teilnehmer
1922	Helsinki, Finnland	850
1921	Prag, Tschechoslowakei	2561
1920	Den Haag, Niederlande	408
1919 - 1916	Ausfall durch Ersten Weltkrieg	------
1915	San Francisco, USA	163
1914	Paris, Frankreich abgesagt d. Kriegsbeginn	(3739 Anmeldungen)
1913	Bern, Schweiz	1203
1912	Krakau, Polen	1000
1911	Antwerpen, Belgien	1800
1910	Washington, D.C., USA	357
1909	Barcelona, Spanien	1500
1908	Dresden, Deutschland	1500
1907	Cambridge, U.K.	1317
1906	Genf, Schweiz	1200
1905	Boulogne-sur-Mer, Frankreich	688

Die Zusammenstellung der Liste erfolgte auf der Basis der Angaben der UEA (Internet 2018).

2. Zeittafel Esperanto

1859

15. Dezember: Geburt von Ludwig/Ludwik Lazarus /Lejzer Zamenhof in einer jüdischen Familie in Białystok/ damals Rußland (heute Nordostpolen), einer Stadt, in der unterschiedliche Bevölkerungsgruppen wohnten. So lernte er früh die Problematik des Nebeneinanders vieler Sprachen, Religionen und Meinungen kennen.

1871

Deutsche Reichsgründung durch Bismarck nach dem Sieg der deutschen Staaten im Deutsch-Französischen Krieg. Kaiserproklamation im Spiegelsaal von Versailles.

Nach der Niederlage bildete sich in Frankreich die Pariser Kommune.

1873

Drei Kaiser-Bündnis zwischen dem Deutschen Reich, Österreich und Rußland.

Umzug der Familie Zamenhof nach Warschau.

1879

Nach Abitur ging Zamenhof zunächst nach Moskau (1879/80) und später zurück nach Warschau (1881-1884), um Medizin zu studieren. In Wien (1886) spezialisierte er sich auf Augenheilkunde.

1881

Nach den schweren Judenpogromen von 1881 infolge der Ermordung des russischen Zaren Alexanders II. sahen viele Juden in Rußland die Lösung der Judenfrage nicht mehr in der Anpassung an die feindselige russische Umgebung, sondern in der Schaffung eines eigenen jüdischen Staates und sprachlich in einem modernisierten Hebräisch. Zamenhof sah das Ende der Diaspora jedoch in einer neuen, neutralen Sprache.

1887

Veröffentlichung des ersten Esperanto-Lehrbuches (Lingvo Internacia / Internationale Sprache) von Zamenhof in Warschau unter dem Pseudonym „Dr. Esperanto", das zum Namen der Sprache wurde. Bei der Herausgabe hatte Zamenhof Schwierigkeiten mit der russischen Zensur. Man befürchtete eine neue Bewegung, die sich mit den Verfechtern einer religiös fundierten Umgestaltung der russischen Gesellschaft, den Tolstojanern, zu verbünden schien oder gar ein Bündnis mit echten Revolutionären eingehen könne.

Zamenhof begann in Warschau als Augenarzt zu praktizieren.

1888 / 1889

1888: Erster Esperanto-Klub der Welt in Nürnberg/ Deutschland.

1889 dort Herausgabe der 1. Esperanto-Zeitung „La Esperantisto" (Der Esperantist) (1889-1895). Verbot der Zeitung 1895 in Rußland und damit ökonomisches Ende der Zeitung.

1894

Reformvorschläge Zamenhofs für seine Sprache, die aber von der Mehrheit der Esperantisten abgelehnt wurden.

Nach der Jahrhundertwende

Überwindung der Stagnation von Esperanto in Deutschland und Rußland durch Ausbreitung in Frankreich (dort stärkere Betonung des praktischen Gebrauchs). Esperanto faßte gleichfalls Fuß in der Donaumonarchie, in Schweden, in China, Japan, Brasilien und anderen Ländern. – Die alldeutsche Presse witterte vor dem Ersten Weltkrieg in der Esperanto-Kommunikationsgemeinschaft in Deutschland das Wirken deutschfeindlicher, internationalistischer Kräfte. Man fürchtete Verbindungen zu sozialistischen und pazifistischen Gruppierungen.

1901

Parallel zu seiner Sprache entwickelte Zamenhof eine Art Universalreligion (Homaranismo/Menschheits- bzw. Menschlichkeitslehre), die eher einen eigenständigen humanitären Internationalismus als eine Religion darstellt. Besonders in der ersten Periode des Esperanto, in der Zeit der Gründung bis zum Ersten Weltkrieg, blieb die Esperanto-Bewegung trotz aller offiziellen Neutralität (s. 1905: 1. Esperanto-Weltkongreß) von den Ideen Zamenhofs beeinflußt. Diese humanistische, wenn auch utopische Motivation, mittels einer internationalen Sprache Brüderlichkeit und Gerechtigkeit zwischen Menschen unterschiedlicher Rassen und Völker zu erreichen, war von Bedeutung für die Erfolge von Esperanto dieser Jahre und ist bis heute für viele noch immer ein Anreiz.

1903

Der Schweizer Jean Borel gibt in seinem Berliner Verlag ein Esperanto-Lehrbuch heraus und gründet die Zeitschrift „Germana Esperantisto" (Der Deutsche Esperantist). Borels Esperanto-Lehrbuch erscheint in zehn Auflagen mit insgesamt 100.000 Exemplaren.

1904/1905

Russisch-japanischer Krieg.

1905

Im Sommer 1905 bestand Esperanto seinen Praxistest beim Ersten Esperanto-Weltkongreß (Universala Kongreso) in Boulonge-sur-mer/Frankreich mit 688 Teilnehmern: Festlegung der „Systemurkunde" („Fundamento de Esperanto"); Verzicht Zamenhofs auf alle Rechte an der Sprache Esperanto und Erklärung der Neutralität von Esperanto, da in jener Zeit innerhalb der Esperanto-Sprechergemeinschaft Bedenken laut wurden, daß eine Bindung der Sprache an philosophische, ideologische oder religiöse Anschauungen für eine Akzeptanz des Esperanto hinderlich sein könnte.

Bürgerlich-demokratische Revolution in Rußland.

1906

Auf dem 2. Esperanto-Weltkongreß (Universala Kongreso) in Genf / Schweiz legte Zamenhof dar, was später die „interna ideo", die dem Esperanto innewohnende Idee, genannt wurde, d.h. die friedensstiftenden, menschenverbrüdernden Ziele des Esperantismus.

1907/1908

Ido-Krise: Zamenhof hatte eingewilligt, seine Sprache von einem aus Linguisten und Wissenschaftlern bestehenden Ausschuß prüfen zu lassen. Vertreter Zamenhofs war Louis de Beaufront, der unerwartet ein Reform-Esperanto, Ido (= Abkömmling, Nachfolger) genannt, vorlegte. Ein Teil der führenden Köpfe Esperantos ging zu Ido über, die Masse der Anhänger blieb jedoch Esperanto treu.

1908

Gründung des Esperanto-Weltbundes „Universala Esperanto-Asocio" (UEA) durch den Schweizer Hector Hodler (Sohn des Malers Ferdinand Hodler).

Der IV. Esperanto-Weltkongresses (Universala Kongreso) 1908 wurde nach Dresden / Deutschland vergeben. Schirmherr war König Friedrich August III. von Sachsen. Vertreter der sächsischen Regierung nahmen am Kongreß teil und waren ebenso beeindruckt wie die vertretene Presse. Höhepunkt des Kongresses war eine Theateraufführung von Goethes „Iphigenie" im Opernhaus, persönlich übersetzt ins Esperanto von Dr. Zamenhof, die auch Skeptiker vom Wohlklang und der Ausdruckskraft der Sprache Esperanto überzeugte.

1911

Arbeiter gründen eine eigene Esperanto-Organisation, den Deutschen Arbeiter-Esperanto-Verband.

1914-1918

1. Weltkrieg = Tief für die Entwicklung von Esperanto. Der 10. Esperanto-Weltkongreß in Paris muß durch Kriegsbeginn ausfallen.

1917

Mit 57 Jahren am 14. April 1917 verstarb Zamenhof in Warschau.

Die Februarrevolution in Rußland zwang Zar Nikolai II. zur Abdankung. Die Regierungsgeschäfte übernahmen die bürgerliche Provisorische Regierung sowie Arbeiter- und Soldatenräte.

Oktoberrevolution in Rußland. Lenin übernahm die Regierungsgewalt. Waffenstillstand und Friedensvertrag Rußlands mit Deutschland und Österreich-Ungarn.

1918

Novemberrevolution in Deutschland. Abdankung des deutschen Kaisers. Ausrufung der Weimarer Republik.

Gründung der Sowjetunion. 1918-1921: Russischer Bürgerkrieg.

Nach dem Ersten Weltkrieg und dem Tod Zamenhofs (1917) folgte eine Phase der Stabilisierung von Esperanto, in deren Verlauf die Ziele überdacht und Prioritäten neu gesetzt wurden. Verstärkt war man um die Ideale des Friedens bemüht. Eine gewisse Identität der Ziele des 1920 neu gegründeten Völkerbundes mit denen des Esperantismus führte dazu, daß letzterer sich vor allem durch die Lösung des Sprachenproblems definierte, mit dem sich der Völkerbund nicht befaßte.

1920er-Jahre

1920: Gründung des Völkerbundes.

Scheitern aller Vorstöße für Esperanto im Völkerbund an Frankreich (1920-1023).

In Köln gründet der Journalist Teo Jung *1920* die Zeitschrift „Esperanto Triumfonta", die später unter dem Namen „Heroldo de Esperanto" weitergeführt wird.

In den 1920er-Jahren eine besonders aktive Arbeiter-Esperanto-Bewegung. Auf Initiative des Franzosen Lanti bildeten *1921* linksgerichtete Esperantisten eine proletarische Esperanto-Weltorganisation, die „Sennacieca Asocio Tutmonda" (SAT = Nationenunabhängiger / Anationaler Weltbund) mit Sitz in Paris. In der Folge kam es zu weiteren politischen Differenzierungen der Esperanto-Bewegung.

1920/21 befaßte sich die Kommunistische Internationale mit Esperanto. Das Exekutivkomitee zeigte jedoch kein Interesse.

1922: Mussolinis „Marsch auf Rom".

1923: Die Esperanto-Bewegung in Deutschland ist eine der stärksten der Welt mit 184 Ortsgruppen des Esperanto-Bundes, dazu 85 Arbeiter-Esperanto-Gruppen.

1924: Tod von Lenin. Im Machtkampf um die Parteiführung in Rußland setzte sich Stalin als neuer Generalsekretär durch.

1925

Die Eröffnungsrede des Deutschen Esperanto-Kongresses in Magdeburg wird im Radio übertragen.

1927

Gründung des Internationalen Esperanto-Museums in Wien.

1928

Im Deutschen Reich gibt es 441 Esperanto-Gruppen mit 8490 Mitgliedern.

Ende der 1920er und Anfang der 1930er Jahre

Inflation / Weltwirtschaftskrisc.

Nur mit Mühe schafft es der Dresdner Verleger F. Ellersiek, die Verbandszeitschrift „Germana Esperantisto" durch die Inflation zu retten

1930er-Jahre

1933: Machtergreifung Hitlers.

1933: 25. Esperanto-Weltkongreß in Köln. Eingeladen wurde dazu noch vom Oberbürgermeister Kölns Dr. Konrad Adenauer, eröffnet wurde er von einem Nazioberbürgermeister unter der Hakenkreuzflagge. Infolge dessen sagten viele ausländische Esperantisten ab.

Gewaltsame Auflösung von Esperanto-Vereinigungen (Deutschland 1936, Sowjetunion 1937, später ebenfalls in Italien). In der Folge wurde in allen von Deutschland und Italien im 2. Weltkrieg besetzten Staaten Esperanto untersagt. In Ländern wie Portugal und Japan und den von letzterem im 2. Weltkrieg besetzten asiatischen Gebieten, war es gleichfalls unerwünscht.

1936

Anordnung von Martin Borman gegen Esperanto / Erlaß von Heinrich Himmler zu Esperanto / Auflösung des Deutschen Esperanto-Bundes. – Hitler hatte sich bereits in seinem „Mein Kampf" äußerst feindlich über Esperanto geäußert.

Spaltung der neutralen Welt-Esperanto-Bewegung in zwei konkurrierende Verbände. Ivo Lapenna (nach dem Krieg viele Jahre Präsident des Esperanto-Weltbundes) wandte sich gegen die neutralitätsbetonte Duldung von Angriffen auf Esperanto. Offenbar haben in der komplizierten Geschichte des Esperanto-Weltbundes UEA politisch-ideologische Ursachen eine geringere Rolle gespielt, als bisher angenommen. Stärker war eine Unzufriedenheit mit der Organisationsarbeit und dem Leitungspersonal, welches 1934 auf dem Esperanto-Weltkongreß in Stockholm zur Abwahl des alten Vorstandes bzw. 1974 auf dem Kongreß in Hamburg zum Abgang von Lapenna führte. Insgesamt durchziehen zwei Komplexe diese Jahre bis 1989: die unterschiedlichen Auffassungen von Weltverband und nationalen Verbänden einerseits und dem Eintreten für Zamenhofs Homaranismus bzw. dem Beharren auf strikter Neutralität andererseits.[110]

---

[110] Sikosek, M.: Die neutrale Sprache. Eine politische Geschichte des Esperanto-Weltbundes. Bydgoszcz: Skonpres,
→

Beginn des Spanischen Bürgerkrieges.

1937

Liquidierung der sowjetischen Esperanto-Bewegung und Tötung Tausender von Esperantisten. Ermordung von Esperantisten auch in anderen Ländern wie Spanien, Kroatien.

1938

„Anschluß" Österreichs: Schließung des Internationalen Esperanto-Museums in Wien.

Judenprogrom in Deutschland und weitestgehende Vernichtung des europäischen Judentums von 1941 bis 1945 in deutschen Vernichtungslagern.

1939 - 1945

Zweiter Weltkrieg. Erneutes Tief für Esperanto. Esperanto wird in großen Teilen der Welt verfolgt.

August 1939: Nichtangriffspakt zwischen Hitler und Stalin, der in einem geheimen Zusatz u.a. die Aufteilung Polens festlegte. Am *1. September 1939* deutscher Überfall auf Polen und damit Beginn des 2. Weltkrieges.

1939: Einmarsch der deutschen Truppen in Warschau. Verhaftung und Ermordung der meisten Familienmitglieder Zamenhofs. Die meisten der Nachkommen und Verwandten Zamenhofs haben den Zweiten Weltkrieg und vor allem den Holocaust nicht überlebt.

1941: Deutscher Angriff auf die Sowjetunion.

2006; Wald, M. C. Review of Sikosek, Marcus: Die neutrale Sprache. Eine politische Geschichte des Esperanto-Weltbundes. H-Soz-u-Kult. H-Net Reviews. October 2007.

1945

Kapitulation Deutschlands.

1947

Wiedergründung des Deutschen Esperanto-Bundes in Frankfurt a.M., allerdings beschränkt auf die drei westlichen Besatzungszonen.

1948/49 und folgende Jahre

Kalter Krieg zwischen den beiden Supermächten USA und Sowjetunion. *1948/49*: Sowjetische Blockade Westberlins; *1949*: Gründung der DDR und der Bundesrepublik Deutschland.

1953: Tod Stalins und Waffenstillstand in Korea.

1955: Gründung des Warschauer Paktes als Gegengewicht gegen die Nato.

Wie nach dem Ersten Weltkrieg konzentrierte sich nach dem Zweiten Weltkrieg das Hauptinteresse des Esperantismus auf den sprachlichen Aspekt.

Osteuropa nach dem 2. Weltkrieg

Das nach dem 2. Weltkrieg in Osteuropa und in der Sowjetischen Besatzungszone Deutschlands erneut beginnende Esperanto-Leben wurde durch den Stalinismus unmöglich. *1949* erfolgte in der Sowjetischen Besatzungszone Deutschlands das Verbot von Esperanto. – *1950*: Auflösung des Ungarischen Esperanto-Verbandes, *1952*: Auflösung des Esperanto-Bundes in der Tschechoslowakei etc.

Jahre des kalten Krieges

In den Jahren des Kalten Krieges dauerte es lange, bis in den osteuropäischen Staaten und in der DDR erneut Esperanto-Verbände gegründet werden durften. Anders war es in Jugoslawien, wo bereits *1953* in Zagreb ein Esperanto-Weltkongreß stattfand. *1959* folgte Warschau. Erst *1961* wurde Esperanto in der DDR zugelassen.

Einige der damaligen sozialistischen Staaten, wie Polen, Ungarn, Bulgarien, aber gleichfalls die Tschechoslowakei, sahen Esperanto als ein Gegengewicht gegen das stetig mächtiger werdende Englisch. So kam es ab *1955* zu einer Wiederbelebung der dortigen Esperanto-Bewegung. So konnten Esperanto-Weltkongresse in Warschau (*1959*), Sofia (*1963*), Budapest (*1966*) und Warna/Bulgarien (*1978*) stattfinden. In der DDR durften schließlich ebenfalls Esperanto-Unterricht und Interlinguistikvorlesungen an den Universitäten und Volkshochschulen angeboten werden. Diese für Esperanto relativ günstige Entwicklung lief ohne Rumänien, Albanien und die Sowjetunion. In China und Vietnam (Nordvietnam) konnten sich hingegen Esperanto-Verbände bilden. *1979* konnte sich ein Verband sowjetischer Esperantisten konstituieren, aber erst mit Michail Gorbatschow wurde die Esperanto-Arbeit in der Sowjetunion freier. – *1990* und *2010* fanden Esperanto-Weltkongresse in Havanna/Kuba, *1986* und *2004* in Peking/Volksrepublik China und *2012* in Hanoi/Vietnam statt.

Im Westen Europas und Deutschlands wurde nach Kriegsende Esperanto zwar nicht behindert, aber aus politischer Sicht Englisch bzw. Französisch als Weltsprache propagiert und damit Esperanto ins Abseits gedrängt. In den drei Westzonen Deutschlands wurde der Deutsche Esperanto-Bund *1947* wiedergegründet. Er führte sowohl die Tradition der bürgerlichen als auch der Arbeiter-Esperantisten fort. Als er sich *1955* dem neutralen Esperanto-Weltbund UEA anschloß, gründeten die ehemaligen Arbeiter-Esperantisten einen eigenen Verband, den Freien Esperanto-Bund.

1954

Eine Petition der Esperanto-Bewegung, in der man sich 1950 an die Vereinten Nation mit der Bitte wandte, sich für den Esperanto-Unterricht an Schulen einzusetzen sowie für den Gebrauch von Esperanto in Touristik und Handel, wurde in 76 Ländern von den unterschiedlichsten Organisationen und vielen Einzelpersönlichkeiten unterschrieben. 1954 berichtete die UNESCO über die Reaktion von 45 Staaten auf diese Petition. 19 Mitgliedsstaaten sprachen sich dagegen aus, darunter besonders die USA und Deutschland. 10 Länder reagierten positiv, unter ihnen Österreich. 1954 verabschiedete die UNESCO auf ihrer Generalversammlung in Montevideo eine Resolution, in der die durch Esperanto erzielten Erfolge gewürdigt wurden. In diesem Zusammenhang: auch Anerkennung der Esperanto-Bewegung durch die UNESCO (der Esperanto-Weltbund wird Beratendes Mitglied) und Aufnahme von Beziehungen zwischen UEA und UN.

1956

20. Parteitag der KPdSU mit Chruschtschows Rede zu den Verbrechen Stalins. – Volksaufstand in Ungarn und blutige Niederschlagung durch russische Truppen.

1959

Radio Warschau beginnt regelmäßig Programme in Esperanto auszustrahlen. In den letzten Jahren mußte Radio Warschau aus ökonomischen Gründen allerdings seine Esperanto-Sendungen einstellen: ab 2007.

1961

Jurij Gagarin als erster Mensch im All.

1964

In den Niederlanden fungierte Königin Juliana 1964 als Schirmherrin des Esperanto-Weltkongresses in Den Haag. Das Parlament hatte zuvor ein Gesetz verabschiedet, mit dem fakultativer Esperanto-Unterricht an Schulen möglich wurde. Jedoch aus Mangel an geeigneten Lehrern und fehlendem Interesse der Eltern wurde nicht viel daraus, analog ein Esperanto-Fernsehkurs, für den sich nicht genügend Interessenten fanden.

Anfang der sechziger Jahre begann das Unterrichtsministerium von Österreich, probeweise Esperanto-Unterricht an Haupt- und höheren Schulen einzuführen, scheiterte aber an der Ablehnung der Elternvertreter.

Ab 1964 Beginn von Esperanto-Sendungen durch Radio Peking, die ab 1979 bis heute täglich zu hören sind. Auch Radio Vatikan sendete zeitweilig kirchliche Nachrichten in Esperanto, hinzu kam Radio Kuba und in den letzten Jahren eine Reihe von Stationen im Internet.

1965

Der Esperanto-Weltkongreß 1965 in Tokio ist der erste in Asien.

1966

Ein weiterer Vorstoß für Esperanto im Jahre 1966 bei der UN zur „Lösung des Sprachenproblems", den noch mehr Organisationen und Personen als 1950 unterschrieben hatten, scheiterte.

1968

Niederschlagung des „Prager Frühlings" durch die Warschauer-Pakt-Staaten.

1970

SAT (Sennacieca Asocio Tutmonda) gibt das einsprachige Wörterbuch „Plena Ilustrita Vortaro" (PIV) mit einem Umfang von 1.300 Seiten heraus.

1974

Zum Esperanto-Weltkongreß in Hamburg schreibt Willi Brandt an die Teilnehmer, ihr Beisammensein sei „Völkerverständigung im wahrsten Sinne des Wortes".

TEJO (Esperanto-Jugendorganisation) gibt zum ersten Mal die Gastgeberliste „Pasporto Servo" heraus.

1977

Auf dem Esperanto-Weltkongreß in Reykjavik hält der Generalsekretär der UNESCO Amadou-Mahtar M'Bow die Festansprache.

Die Esperanto-Verbände der EG-Länder beschließen eine engere Zusammenarbeit durch Gründung der „Eŭropa Esperanto-Unio" (EEU).

1979 - 1988

Russischer Afghanistan-Krieg.

1980

Manifest von Rauma: Als Reaktion auf die bisher erfolglosen Versuche einer Durchsetzung von Esperanto in der Welt formulierte man 1980 auf einem Esperanto-Jugendkongreß in der finnischen Stadt Rauma die Ideen des sogenannten „raŭmismo". Sie bildeten die Basis der Diskussionen darüber, ob die bisherige Zielorientierung von Esperanto ausschlaggebend bleibt oder ob man sich als selbständige internationale Sprachgemeinschaft mit eigener Kultur sehen sollte.

1981

Erster Esperanto-Weltkongreß auf der Südhalbkugel in Brasilia.

1985

Die Generalversammlung der UNESCO in Sofia im Jahre 1985 forderte ihre Mitglieder auf, das 100-jährige Jubiläum von Esperanto zu würdigen und die Einführung von Studienprogrammen zum Sprachenproblem und zu Esperanto in den Schulen und Hochschuleinrichtungen zu unterstützen. Solche und andere positive Signale blieben jedoch von begrenzter Wirkung, da sie von den Nationalstaaten ignoriert wurden

1985 - 1991

Reformen in der Sowjetunion unter Michail Gorbatschow: „Perestroika" (gesellschaftliche Umbau) und „Glasnost"" (Transparenz, Offenheit).

1986

Esperanto-Weltkongreß in Peking.

Kernkraft-Katastrophe von Tschernobyl (Ukraine).

1987

Jubiläums-UK (100 Jahre Esperanto) in Warschau mit 5946 Teilnehmern. Die hohe Teilnehmerzahl weist auf ein Wiederaufleben von Esperanto nach dem 2. Weltkrieg hin.

Anläßlich 100 Jahre Esperanto würdigt Bundespräsident von Weizsäcker in einem Grußwort an den Deutschen

Esperanto-Bund die Errungenschaften der Esperanto-Bewegung.

1989

Fall der Mauer und 1990 Deutsche Einheit: Das Ende des Kalten Krieges und die Wiedervereinigung Deutschlands stellten wie 1945 eine Zeitenwende dar und eröffnen für Esperanto neue Möglichkeiten. Andererseits entfiel in manchen ehemaligen sozialistischen Staaten eine gewisse staatliche Förderung.

Eine kritische Aufarbeitung der Esperanto-Bewegung in den ehemaligen sozialistischen Ländern steckt – trotz erster Publikationen – noch in den Anfängen, so daß es schwierig ist einzuschätzen, wie weit sie mit den jeweiligen Diktaturen zusammengearbeitet hat, um Esperanto und seine Anhänger zu schützen bzw. wie weit sie selbst linke Positionen vertreten hat. Es handelte sich offenbar um ein ambivalentes Verhältnis zum Staat, d.h. teils Förderung, teils Behinderung.

In Aalen wird die Deutsche Esperanto-Bibliothek eröffnet (mit mehr als 10.000 Einheiten die viertgrößte Esperanto-Bibliothek der Welt).

1991

In München Wiedervereinigung des Deutschen Esperanto-Bundes (GEA) und des Esperanto-Bundes der ehemaligen DDR (GDREA).

Auflösung der Sowjetunion und Gründung der GUS (Gemeinschaft unabhängiger Staaten). Niederschlagung eines Putsches in Rußland durch Jelzin. Rücktritt von Gorbatschow.

1993

Der internationale Schriftstellerverband PEN-Club erkennt Esperanto als Literatursprache an.

1999

Esperanto-Weltkongreß in Berlin.

In Hamburg erscheint 1999 das Große Wörterbuch Esperanto-Deutsch von E.-D. Krause (das Große Wörterbuch Deutsch-Esperanto erscheint dort 2007). Beide Bücher gehen weit über den Umfang des 1970 in Paris erschienenen PIV hinaus.

2000

Putin geht in Rußland als Sieger der Präsidentenwahlen hervor.

2001

Gründung der Esperanto-Wikipedia im Internet. Im Juni 2008 überschritt sie die Marke von 100.000, im August 2014 die von 200.000 Artikeln.

Terroranschläge am 11. September 2001 mit entführten Zivilflugzeugen auf wichtige zivile und militärische Gebäude in den Vereinigten Staaten von Amerika. Die Anschläge verursachten den Tod von etwa 3.000 Menschen. – Zahlreiche Terroranschläge – besonders in Europa, darunter auch in Deutschland – sollten bis zur Gegenwart folgen.

Nach den Terroranschlägen auf die USA begannen die USA und Verbündete 2001 den Kampf gegen den Terrorismus in Afghanistan. Dem seit nunmehr 16 Jahren andauernden Krieg in Afghanistan fielen bisher mindestens 70.000 Menschen zum Opfer.

2002

Der Euro wird eingeführt.

2003

Angriff der USA auf den Irak.

2008

Größte Wirtschaftskrise im 21. Jahrhundert.

2011

Nach einem Erdbeben (mit fast 16.000 Toten) werden drei Reaktoren des Kernkraftwerks in Fukushima durch Kernschmelzen zerstört. Radioaktivität wird freigesetzt.

Der Bürgerkrieg in Syrien ist eine seit 2011 andauernde äußerst blutige Auseinandersetzung verschiedener Gruppen, die mit fortschreitender Dauer zunehmend unter Beteiligung internationaler Mächte stattfindet. Im April 2018 wurde die Zahl der Toten auf 500.000 geschätzt. Rund 11,6 Millionen Syrer waren 2015 auf der Flucht, davon 6,3 Millionen innerhalb Syriens.

2015/2016

Saudiarabische Militärintervention im Jemen / Blutiger Bürgerkrieg, der bis in die Gegenwart anhält.

Flüchtlingskrise 2015/2016 mit der Einreise von über einer Million Flüchtlingen nach Deutschland.

Nach 2000 bis heute

In Anbetracht von Hunger, Not und Elend und Kriegen spielen Sprachenfragen in weiten Teilen der Welt nur eine untergeordnete Rolle. So ist trotz aller lokalen und regionalen Erfolge Esperanto auf Regierungs- bzw. EU-Ebene, in den Vereinten Nationen oder anderen internationalen Organisationen nicht weitergekommen (mit Ausnahme der UNESCO, wo offizielle Kontakte bestehen). Auch eine Institutionalisierung von Esperanto – etwa durch die Einführung als (fakultatives) Schulfach – gelang nicht. Von der angestrebten Verwendung als Weltsprache ist es durch die Übermacht des Englischen weit entfernt. Hinzu kommt in den letzten Jahren ein altersmäßig bedingter Mitgliederschwund in den traditionellen Esperanto-Vereinigungen bei gleichzeitiger Zunahme der Sprecherzahl – vor allem junger Leute – über das Internet.

Esperanto beschränkt sich nicht mehr im wesentlichen auf Europa. Dies spiegelt sich auch in den Veranstaltungsorten der Esperanto-Weltkongresse wider: *2011* Kopenhagen/Dänemark, *2012* Hanoi/Vietnam, *2013* Reykjavik/Island, *2014* Buenos Aires/Argentinien, *2015* Lille/Frankreich, *2016* Nitra/Slowakei, *2017* Seoul/ Südkorea, *2018* Lissabon/Portugal, *2019* Lathi/Finnland (geplant), *2020* Montreal/Kanada (geplant).

3. Zum Autor

Geboren 1931 gegen Ende der Weimarer Republik in den Jahren der Weltwirtschaftskrise in Merseburg an der Saale im heutigen Land Sachsen-Anhalt, mußte der Autor im „Dritten Reich" als Pimpf im Braunhemd marschieren. Auf das Hakenkreuz, unter dem er die Verfolgung des Vaters und weiterer Angehöriger erleben und den Zweiten Weltkrieg mit über zwanzig schweren Luftangriffen auf seine Heimatstadt durchstehen mußte, folgten nach der Befreiung vom Nationalsozialismus durch amerikanische Truppen kurze Wochen unter dem Sternenbanner, dem sich nach Wechsel der Besatzungstruppen lange Jahre in der Sowjetischen Besatzungszone bzw. DDR unter roten Fahnen anschlossen. Hinzu kam der durch Krieg und englische Kriegsgefangenschaft sieben Jahre abwesende Vater; es galt sich mit der Mutter allein durchs Leben zu schlagen. Andersdenkende waren erneut unerwünscht und Verfolgungen ausgesetzt. Auch hier wurden er und seine Familie betroffen. Ab 1989 wehten im wiedervereinigten Deutschland endlich über ihm freiheitliche schwarz-rot-goldene Fahnen.

Der russische KGB und die Staatssicherheitsbehörden der DDR verhinderten seine wissenschaftliche und berufliche Karriere und bedrohten seine Familie, einer seiner Söhne wurde im Zusammenhang mit seinem Ausreiseantrag durch die Staatsicherheitsorgane verhaftet, für die Eltern drohte Berufsverbot. Bereits bei der Wahl seines Studienfaches hatte man den Autor wegen seiner sozialen Herkunft und Westverwandtschaft diskriminiert und in eine fachliche Richtung gedrängt, die er ursprünglich nicht ergreifen wollte. So studierte der Autor – nachdem ihm seine eigentlichen Studienwünsche wie Pharmazie und/oder Wirtschaftsrecht verwehrt worden waren – zunächst notgedrungen 1949/50 an der Fremdsprachenschule Leipzig/Sachsen Russisch (für Englisch wurde er abgelehnt) und 1950-1954 – nach einer Ablehnung durch die Universität Leipzig – an der Friedrich-Schiller-Universität Jena/Thüringen Slawistik, Pädagogik, Psychologie und Philosophie, hörte zeitweise Geographie und Chinesisch. – Promotion 1970 und Habilitation 1981 an der Martin-Luther-Universität Halle-Wittenberg/Sachsen-Anhalt auf dem Gebiet der Fachsprachen – vor allem denen der Naturwissenschaften, Medizin und Pharmazie – nebst ihrer funktionalen Darstellung zum Zwecke der Lehrbarmachung, was einherging mit einer stärkeren Zuwendung zur Allgemeinen Sprachwissenschaft, Interlinguistik und zu außereuropäischen Sprachen. Über die Interlinguistik kam der Autor zu Esperanto, was weiteres Mißtrauen der Stasi bedingte.

Der Autor lehrte und forschte in der fachsprachlichen Hochschulfremdsprachenausbildung und Angewandten Sprachwissenschaft an den Universitäten Dresden/Sachsen, Freiberg/Sachsen, Halle/Saale/Sachsen-Anhalt, Moskau, Ufa/Baschkirien/Rußland, Sofia/Bulgarien, wirkte an den Medizinischen Hochschulen Ufa und Sofia, arbeitete als Lektor für Slawistik im Max-Niemeyer-Verlag in Halle/Saale, als Deutschlektor an der Ersten Moskauer Hochschule für Fremdsprachen und als Reiseleiter in Rußland und Bulgarien.

Die Forschungsschwerpunkte des Autors waren Fachsprachen und ihr Verhältnis zur Allgemeinsprache, außerdem Plansprachen und die globale Sprachenproblematik. – Über 100 Publikationen zu sprachwissenschaftlichen und interlinguistischen Fragestellungen, besonders zu Fachsprachen, wie Bücher zur globalen Sprachenproblematik, hinzu kamen zahlreiche Vorträge, Weiterbildungskurse und betreute Diplomanden und Doktoranden. Der Autor war Mitbegründer des halleschen interdisziplinären Forschungskreises „Kommunikativ-funktionale Sprachbetrachtung und Fremdsprachenunterricht", gehörte unterschiedlichen zentralen fachlichen und wissenschaftlichen Gremien an. Im Rentenalter erforschte er gemeinsam mit seiner Frau die Geschichte der Esperanto-Bewegung von Düsseldorf und publizierte Bücher zu sprachwissenschaftlich-interlinguistischen Fragestellungen.

Erst nach 1989 wurde er in Sachsen-Anhalt als Dozent für Angewandte Sprachwissenschaft berufen, für eine weitere berufliche und wissenschaftliche Karriere war er aber – infolge der vorausgegangenen Blockade einer Dozentur bzw. Professur und unterschiedlicher Leitungsfunktionen durch die DDR-Staatssicherheit – nicht mehr jung genug. Sein Leben verlief alles andere als glatt, dennoch ist unbedingt festzuhalten, wieviel Freude ihm seine drei Kinder und seine geliebte Frau bescheren, mit der er seit über 60 Jahren glücklich verheiratet ist. Seit 1996 wohnt der Autor mit seiner Frau im Rheinland.